GLORIA UND RODOLFO DINZEL

TANGO - EINE HEFTIGE SEHNSUCHT NACH FREIHEIT

Editorial ABRAZOS

Originalsachtitel: *El tango - una danza, esa ansiosa búsqueda de la libertad*

Übersetzung: Eckart Dietrich und Dora de la Vega

Umschlaggestaltung und Illustrationen: Renée Frisbie und Sergio Pellegrino
Titelfoto: Ezequiel Ludueña
Textrevision: Daniel Canuti

Printed in Spain

ISBN 3-00-004481-7

Was der Tango ist, weiß ich nicht mit Sicherheit,
die Wahrheit über den Tango kenne ich nicht.
Ich versuche nur, mich ihm anzunähern, und
behaupte lediglich, was ich begründen kann.

Rodolfo Dinzel

Inhalt

Vorwort

Als ich vor ein paar Jahren ein Buch über östliche Philosophie aufschlug, fand ich darin am Anfang einer Erörterung die Bemerkung ..."so wie man tanzen nicht aus einem Buch lernt, so ist es unmöglich ...".

In diesem Sinne rate ich denen, die mit Hilfe dieser Seiten tanzen zu lernen suchen, ihr Vorhaben aufzugeben, denn was die folgenden Ausführungen beabsichtigen, ist etwas völlig anderes.

Die Erwartung, hiermit Unterricht zu erteilen, liegt mir ganz und gar fern. Ich würde mir selbst etwas vormachen, wenn ich annehmen würde, irgend jemand könnte nach dem Lesen dieses Textes auch nur diese oder jene Tanzfigur vollführen.

Die Anregung zu diesem Buch erhielt ich in meiner persönlichen Lehrtätigkeit, aber daß ich meine Gedanken hier ausbreiten kann, verdanke ich Alba Ferretti, die jahrelang meinen theoretischen Unterricht auf Tonband aufgenommen und damit die Grundlage geschaffen hat, auf der in Zusammenarbeit mit Eleonor Fritsman diese Seiten entstanden sind.

Meine einzige Absicht besteht in der Reflexion über das Thema, die ich auch den Teilnehmern meines Unterrichts Stunde um Stunde zu vermitteln versucht habe. Es ist keine leichte Aufgabe zu erklären, was mit den verschiedenen Teilen des Körperbaus geschieht und welche Rolle die psychischen, emotionalen, kulturellen und ästhetischen Faktoren spielen, wenn ein Paar Tango tanzt. Alle meine Ideen und Fragen entstammen zwei verschiedenen Quellen: Eine ist die auf langjährige Erfahrung gestützte Analyse; in ihr mischten sich zutreffende und irrtümliche Gedanken, die wie bei jeder Suche zu Fortschritten und Rückschritten führten.

Die andere, vielleicht wichtigste unter all den Umständen, die dieses Buch begleiten, ist die Erfahrung selbst, will sagen: die Erläuterung der Vorgänge, die diese Aktivität in mir auslöst.

Während vieler Jahre habe ich zusammen mit meiner Frau Gloria getanzt und hatte dabei den offensichtlichen Vorteil, dies mit der vollkommensten aller derzeitigen Tänzerinnen des populären Tanzes zu tun.

Gloria kommt von der wohl reinsten aller Schulen des Tanzes her, und ihre persönliche Bemühung um Vervollkommnung war ständig der Kompaß, der alle meine Überlegungen lenkte, bestätigte oder widerlegte. Sie hat jede einzelne meiner Bewegungen verfeinert und jeder Auffassung, die auf den Seiten dieses Buches zum Ausdruck kommt, grünes Licht erteilt.

Von daher sind wir in Wirklichkeit beide Autoren des Buches, auch wenn ich mich oft in der ersten Person des Singular ausgedrückt habe.

Einige Gedanken werden in diesem Buch lediglich angedeutet, um die Wahrheit nicht zu verfälschen. Für ihre Ausführung fehlte mir noch die Zeit, und so bilden sie das Thema einer zweiten Arbeit. Eigentlich war ich dabei, ein anderes Buch zu schreiben, als dieses auf mich zukam, auch wenn dieses mit meinen eigenen Worten geschrieben ist. Das mag seltsam, vielleicht komisch klingen.

Zugleich will ich all jenen meinen Dank aussprechen, die dieses Buch ermöglicht haben.

Im übrigen mache ich mir einen Satz zu eigen, der aus dem Munde eines Meisters der Meister des Tango stammt - Armando Pontier:
"Ich glaube, daß mir der Tango viel mehr gegeben hat, als ich dem Tango gegeben habe."

Wenn ich vom Tango spreche, spreche ich von den Menschen, die aus ihrer Anonymität hervorgebracht haben, was ich auf diesen Seiten zu erklären versuche und was in der ganzen Welt als Tango-Tanz bekannt ist - als der wundervollste aller Tänze.

RODOLFO DINZEL

KAPITEL I

DER AUSDRUCKS-APPARAT

Der untere Raum

Beim Tango-Tanzen entwickelt sich das choreographische Spiel zwischen zwei Personen, die als Paar eine Einheit bilden. Eins plus eins ergibt beim Tango nicht zwei, sondern eins. Ein Mann plus eine Frau sind ein Paar. Wenn wir anfangen, einen der beiden Tänzer, sei es der Mann oder die Frau, zu beobachten, so ist dies der Moment, in dem das Paar die Idee der Einheit zu verlieren beginnt. Umgekehrt ist es beim gut getanzten Tango unmöglich, die Einzelperson zu beobachten. Daher besteht die Bemühung um technische Perfektion darin, zur Idee der Einheit, zum Bild der Einheit zu gelangen; darin, ständig dem Gedanken der Verbindung dieser beiden Körper in einer einzigen bewegten Struktur zu folgen.Sobald sich der Tanz als individuelle Bemühung zu entwickeln beginnt, verliert sich das Paar. Und sobald das Paar sich verliert, geht der Tango verloren. Wenn das Paar dagegen vom Sinn der Einheit durchdrungen ist, ist die Anstrengung absolut nicht zu bemerken. Je mehr es in sich verbunden ist, um so mehr Tango ereignet sich in diesem Tanz. Die Wechselbeziehung zwischen diesen beiden Körpern ist in jedem Fall eine einmalige, unwiederholbare Beziehung, die sich anders ergibt, sobald die Partner wechseln. Ebenso verschieden wird der Tanz sein. Nicht einmal dann, wenn wir mit demselben Partner am selben Ort und mit dem gleichen Leitgedanken zweimal nacheinander denselben Tango tanzen, tanzen wir ihn gleich. Erinnern wir uns daran, daß "niemand zweimal im gleichen Wasser eines Flusses badet". Keine einzelne Person verfügt über alle die Bewegungs-Perfektion eines vollkommenen Modells. Ihr sind Unvollkommenheiten eigen, ihr fällt etwas leicht oder schwer, anderes ist ihr möglich oder unmöglich, weil sie einen realen Körper besitzt; und dieser steht seinerseits mit den Realitäten des Tanzpartners in Verbindung. Aus dieser einmaligen Kombination, die sich ausschließlich für diesen Tango bildet, ergibt sich ein ganz besonderes Bewegungs-Zusammenspiel. So werde ich mit einer schlankeren Person, die mir Raum läßt, nicht die gleiche Art von Bewegungen vollführen wie mit einer beleibten Person, die ihn mir nimmt. Ich kann beim Tanzen mit einer Partnerin, die sehr lange Beine und von daher einen größeren Bewegungsradius hat, nicht die gleichen Schritte ausführen wie mit einer, die sehr kurze Beine hat und mir also die Fortbewegung verkürzt. Oder bei einer großen Person die gleiche Armhaltung einnehmen wie bei einer, die zehn Zentimeter kleiner ist als ich. Also muß ich meine Bewegungen in Bezug auf den Partner jedesmal anpassen. Ich muß meine Tanzhaltung auf diesen neuen Körper einstellen. Ich darf mich nicht nach einem starren Schema bewegen, das mir im vorhinein sagt, welchen Schritt ich ausführen werde und mich ihn wie auch immer ausführen läßt, auf eine einzige, persönliche Art und Weise. Ich muß mich fortwährend anpassen. Warum? Weil der Tango das Miteinander des Paares verlangt. Um dieses Miteinander zu erreichen, müssen seine Teile nachgeben, sich anpassen oder ergänzen. Das ist genauso wie im Leben. Wenn ich rigide Regeln aufstelle, wird eine Unterbrechung der Verbindung, ein Bruch die Folge sein. Dies geschieht bisweilen nicht wirklich, wohl aber visuell. Das heißt, der Bruch findet manchmal nicht als solcher statt, die beiden tanzen die restlichen drei Minuten, die der Tango dauert, weiter zusammen, und doch ereignet sich für den, der sie betrachtet, ein Bruch. Der Zuschauer wird feststellen können, welche Tänzer kein Paar bilden. Und dies betrifft etwas anderes als die Möglichkeit eines technischen oder mechanischen Fehlers, oder der Unkenntnis irgendeiner Figur oder schlicht eines Irrtums. Ich beziehe mich darauf, wie dieses Paar sich formt, wie diese zwei Körper sich verschwistern, gerade so wie in einem gut eingestellten Motor. Ihr Wechselspiel ergibt sich aus vielfältigen Elementen der Mechanik, der Beziehungen, der Proportionen, der Bewegungskontrolle usw., auf die wir nach und nach eingehen werden.

Zunächst stoßen wir auf ein Konzept, das grundlegend ist. Im Tango gibt es eine Technik der Entkoppelung, der sogenannten Dissoziation. Damit ist gemeint: was mit den Beinen geschieht, ist unabhängig von dem, was sich mit dem Oberkörper ereignet. Dieses Merkmal findet sich in allen afrikanisch beeinflußten Tänzen, die in Amerika heimisch geworden sind, so etwa im brasilianischen Samba, im Joropo, im Cumbia wie auch im uruguayischen Candombe. Die Dissoziation ist die einzige Gewißheit und Bestätigung des Afro-Einflusses im Tango. In beiden Bereichen werden völlig verschiedene Techniken verwendet. Von der Gürtellinie bis zum Boden gebrauchen wir geschlossene Positionen. So nennen wir die Haltung unserer verschiedenen Körperteile, wenn diese unserer vertikalen Zentralachse, die den Körper in eine rechte und eine linke Hälfte teilt, so nahe wie möglich kommen.

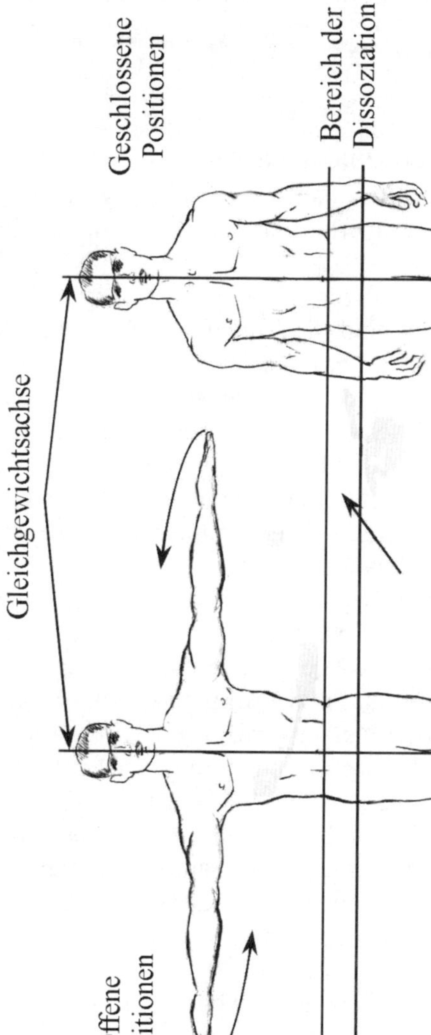

Angenommen, durch jedes meiner Beine verliefe eine Linie, müßten diese Linien parallel verlaufen. In der Terminologie des Schultanzes bzw. der Studios würde es heißen, wir tanzen ständig in der sechsten Position. Aufgrund dessen ist es uns möglich, bei allen Bewegungen den denkbar geringsten Raum einzunehmen. Diese Stellung der Beine ergab sich auch logisch aus der durch die Umarmung hergestellten Nähe der Körper: so können wir auf der kleinstmöglichen Fläche eine Vielzahl von Dingen anstellen.

Eine offene Position erfordert für eine vollständige Abfolge der Schritte wesentlich mehr Platz. Bei der Ausführung der Bewegungen, die wir später im einzelnen behandeln werden, stehen daher die Beine in einem umgekehrten Verhältnis zueinander wie die Oberkörper: geschlossene Positionen unten, offene Positionen oben.

Trotz der geschlossenen Position sind die Linien des choreographischen Plans keine Geraden, sondern Kurven. Allerdings müssen wir auf das Vorkommen einiger gerader Linien hinweisen, die wir beschreiben werden, wenn vom "Tanz-Zirkel" die Rede sein wird (Seite 28). Aus den gerundeten Linien um den Partner herum ergibt sich die einhüllende Bewegung des Tango. Wenn ich mich vom Gefühl leiten lasse, nimmt meine Bahn spontan die Form einer Kurve an. Diese Kurvatur nennen die Franzosen "das organische Element". Alle Tänze volkstümlichen Ursprungs enthalten dieses organische Element, das kurvenförmig und niemals gerade ist. In der Natur ist kein einziges Element gerade, wenn man einmal von den Kristallen und geologischen Brüchen absieht. Alle übrigen Elemente der Natur sind gekurvt, rund oder abgerundet. Was wir gerade sehen wie etwa den Horizont, ist in Wirklichkeit eine Kurve mit großem Radius. Von der Kurvung des Universums bis zur Kleinststruktur des Atoms entspricht alles der Rundheit. Dieses Gesetz erfüllt sich auch im Tango: die Bewegungen sind kurvig. Die Gerade ist ein intellektuelles Element, und sofern wir bei Tänzen gerade Linien feststellen, deutet dies darauf hin, daß irgend jemand diesen Tanz erdacht hat, daß er keinen natürlichen Ursprung hat, sondern Produkt eines menschlichen Hirns ist. Das können wir etwa bei Valentino sehen. Als Valentino zum ersten mal mit seiner Partnerin zusammenkam und ans Tanzen dachte, entwarf er die Choreographie seines Tanzes bereits entlang gerader Linien. Er bewegte sich nur von einem Punkt zum anderen, hin und zurück. Die Fortbewegung war immer geradlinig, während beim Tango gerade Linien nicht vorkommen und auch nicht vorkommen sollen. Alle Bewegungen, die die Frau ausführt, drehen sich um den Mann, und die des Mannes umkreisen die Frau - einhüllend. Dadurch enstehen natürlichere, rundere Formen und kurvigere Fortbewegungen.

Von der Gürtellinie aus nach oben nehmen wir offene Positionen ein, die einen größeren Raum beanspruchen. Den unteren Raum von der Gürtellinie bis zum

Boden nennen wir den Ausdrucks-Apparat, den oberen Raum von der Gürtellinie an aufwärts bezeichnen wir dagegen als dramatischen Apparat. In diesem Kapitel werden wir uns auf den Ausdrucks-Apparat konzentrieren.

Warum Ausdrucks-Apparat? Weil sich in ihm alle Möglichkeiten des verschiedenartigen symbolischen Ausdrucks befinden. Die Ausdrucksstärke des Tango liegt in diesem Teilraum und wird durch die Beine vermittelt. Behandeln wir also, Schritt für Schritt, diese Ausdrucksfähigkeit.

Eine genauere Betrachtung der volkstümlichen Tänze zeigt uns, daß die Choreographie aus zwei unterschiedlichen Momenten besteht: der choreographischen Form und dem choreographischen Modus. Die Form ist der Plan, die Skizze des Tanzes. Unter Skizze verstehen wir die imaginäre Figur, nach der sich der Tänzer fortbewegt. Der Modus hingegen ist die Art und Weise, in der diese Figur ausgeführt wird, das heißt wie der Tänzer seinen Körper beim Ausführen der Skizze bewegt. Zusammenfassend halten wir fest, daß die choreographische Form bezeichnet, "was man beim Tanzen macht", und der Modus, "wie man es macht". Bei allen volkstümlichen Tänzen ist die choreographische Form entscheidend für das Tanzen eines bestimmten Tanzes. Wenn wir von unseren Folklore-Tänzen beispielsweise den *Gato* ("Kater") tanzen wollen, dann wissen wir, daß wir für seine Ausführung folgendes tun müssen: acht Einführungstakte abwarten, einen Kreis laufen, sich drehen und mit den Füßen stampfen, sich hin und her wiegen ...usw. Wenn ich nicht diese Figuren in dieser Reihenfolge tanze, wird eindeutig kein *Gato* getanzt. Was also mit Genauigkeit bestimmt, ob ich *Gato* tanze, ist die choreographische Form, während der Modus die Qualifizierung ergibt. Beim Tango ist genau das Umgekehrte der Fall: entscheidend ist der Modus und qualifizierend die Form in ihren quantitativen und qualitativen Aspekten.

	MODUS	FORM
TANGO	entscheidend	qualifizierend
ANDERE TÄNZE	qualifizierend	entscheidend

Der Tango ist ein improvisierter Tanz; daher kann die Form, die es ja nicht gibt, auch niemals der bestimmende Faktor sein. Sie wird im Moment ihrer Ausführung entwickelt. Wir können also festhalten, daß es der Modus ist, der entscheidet, daß Tango und nicht ein anderer Tanz getanzt wird.

Die Tatsache der Improvisation läßt uns verstehen, daß es in allen Tänzen eine potentielle und eine konkrete Form gibt. Zu diesem Schluß gelangen wir, weil uns bei der Improvisation die potentielle Form fehlt. Potentielle Form nennen wir alles, was man vom Tanzen wissen muß, und konkrete Form dessen Realisierung im Raum. Die Kenntnis des choreographischen Ablaufs des *Gato* ist demnach die potentielle Form und ihre Aktivierung im Raum die konkrete Form. Dem Tango fehlt infolge seiner Improvisation die potentielle Form. Im voraus festgelegt sind allein die Position der Umarmung und die räumliche Fortbewegung - zwei Aspekte, die gerade nicht die Form ausmachen. Daraus folgern wir, daß sich zwischen der potentiellen und der konkreten Form eben der Modus einschiebt.

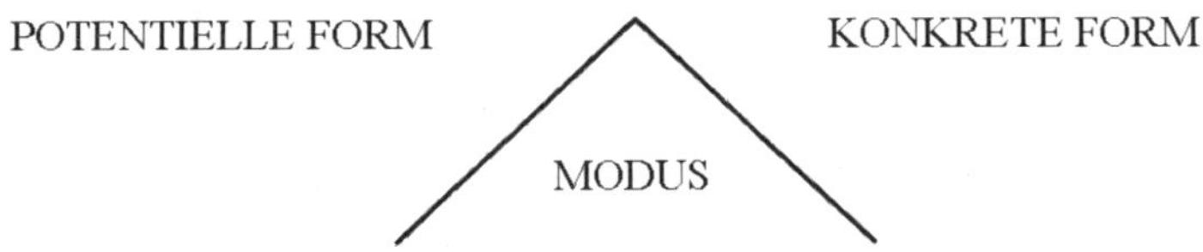

Von daher behaupte ich, daß es, um einen Tango gut zu tanzen, wichtiger ist, auf einen korrekten Modus zu achten als auf eine Vielzahl von Formelementen. Auch wenn sich aus diesen die Qualifizierung ergibt, kann ich ihnen nicht den Vorrang vor dem bestimmenden Faktor geben. Dies macht es so schwierig, jede einzelne der Bewegungen zu entschlüsseln, an denen man einen guten Tänzer erkennt.

Je nachdem also, wie ich diesen Modus gestalte, werde ich meinem Tanz Ausdruck verleihen oder nicht, ihm verschiedene Nuancen geben oder ihn in einer einzigen Skala von Bewegungen ausführen. Gerade wer gut tanzt, vermeidet stets die Monotonie, denn eines der Spiele der Improvisation besteht gerade darin, dem Publikum einen Formenreichtum vorzuführen, ja ein Schaustück der Art und Weise zu bieten, mit der die Choreographie unterstützt wird. Der Tango besitzt die Eigenart, daß die Choreographie auf einer Vereinfachung der Akzente ruht. Erinnern wir uns daran, daß alle Volkstänze ihre Choreographie auf den Akzenten der musikalischen Takte aufbauen. Auch der Tango besitzt diese Eigentümlichkeit, dazu aber noch die Möglichkeit, alle zwei oder mehr Akzente der Musik auf eine einzige zeitliche Appoggiatur, die Ausführung einer einzigen Bewegung zu reduzieren. Infolgedessen wird meine Fortbewegung langsamer sein, als wenn ich mit jedem Akzent tanze. Ich kann mit anderen Worten eine Bewegung sehr viel langsamer ausführen, wenn ich einen Akzent auslasse und erst den nächsten oder den darauf folgenden betone, also nicht notwendigerweise jeden Akzent. Diese Modifikation kann von jedem einzelnen ganz nach seiner persönlichen Interpretation, nach der persönlichen Auffassung des Tänzers vorgenommen werden.

Zugleich ist es der Choreographie des Tango möglich, die Appoggiatur in der Fortbewegung zu verdoppeln, also bei jedem musikalischen Akzent zwei oder mehr Bewegungen zu machen, was ein viel rascheres Durcheilen der Strecke bzw. größere Beweglichkeit im Ablauf jeder Figur und der choreographischen Bewegungen insgesamt erlaubt. Die Dynamik meiner Fortbewegung kann mit anderen Worten langsamer oder rascher, geringer oder größer sein, je nachdem wie ich den musikalischen Impuls interpretiere. Wenn ich vom musikalischen Impuls jenseits der Musik spreche, beziehe ich mich auf die Internalisierung meiner Empfindungen und ihre Verlagerung in die Beine.

Dem Tango ist eine weitere Möglichkeit eigen, eine Eigentümlichkeit der Schul-Tänze. Deren Choreographie beruht gewöhnlich auf der Melodie und entzieht sich dabei dem Rhythmus. Die Musikpartituren bestehen aus zwei Pentagrammen, von denen das eine dem Rhythmus und das andere der Melodie der Komposition entspricht. Während die volkstümlichen Tänze auf den Rhythmen fußen, macht der Tango einen Sprung zum anderen Pentagramm und variiert die Choreographie über der Melodie. Meine Ausdrucksfähigkeit resultiert aus diesem improvisierten Spiel, improvisiert nicht nur, weil ich nicht weiß, welche Figur ich als nächste ausführe, sondern auch im Sinne dieser anderen Improvisation: in welcher Weise entlädt sich der musikalische Impuls und wie gehe ich spielerisch mit ihm um. Und zwar dies mittels der fast einmaligen Möglichkeit des Tango, jedes einzelne seiner tänzerischen Elemente nuancieren und mischen zu können. Die Ausdrucksmöglichkeit, die mir das Auslassen einer vorgesehenen Appoggiatur bietet, erlaubt uns vor allem, etwas von der eigenen Persönlichkeit in den natürlichen Ablauf des Tanzes einzubringen, oder anders ausgedrückt, selbst zu entscheiden, wie man seine Bewegungen in Bezug auf die Musik entfaltet. Dies trägt dazu bei, daß man die folgenden Schritte nicht vorausahnen, das Ende nicht erraten kann. Hier spielen wir auch mit der Zeit und dem Raum. Niemand kann sagen, wie lange eine

Sequenz beim Tanzen dauern wird, denn das tanzende Paar kann sie solange andauern lassen, wie es will bzw. wie es ihm der musikalische Impuls eingibt, und dabei zur Entfaltung allen Raum in Anspruch nehmen, den es wünscht oder benötigt.

Dieses unvorhersehbare Spiel mit Zeit und Raum, in dem ein jeder die Zeit und den Raum seines Tanzes frei bestimmt, bildet in gewisser Weise das Geheimnis des Tango. Dies stellt in der universellen Tanzkultur ein Novum von größter Bedeutung dar: die freie Verfügung des Tänzers über den Raum. Dieser ist in allen übrigen Volkstänzen vorherbestimmt und festgelegt. Im Tango gibt es diese Festlegung nicht, wie wir später sehen werden.

Die ganze Ausdrucksfähigkeit des Tango liegt in den Beinen bzw. unterhalb der Gürtellinie. Hier wird eine Vielzahl von Techniken verwendet, die diese Ausdruckskraft erzeugen. Für den Maler sind die Hauptelemente sein Pinsel und seine Farben, und je nachdem, wie er den Pinsel führt, wird der Strich ausfallen; für den Klavierspieler ist es seine Hand auf der Tastatur, und je nachdem, wie er die Tasten anschlägt, wird die Melodie klingen; für den Tango-Tänzer ist sein Ausdrucks-Apparat das Hauptelement. Dessen korrekter Gebrauch ist die Voraussetzung dafür, daß ihm seine Kunst gelingt. Alle Ausdruckskraft des Tango liegt in der Gestaltung seiner Nuancen. Damit diese Ausdrucksformen nicht monoton erscheinen, sondern eine weite Farbskala durchlaufen wie auf der Maler-Palette, gibt es das, was ich die direkten Modifikatoren nenne. Diese Modifikatoren sind in der Choreographie die Weite, das Tempo und die Winkelung der Bewegung. Die Weite kann größer oder kleiner, das Tempo rascher oder langsamer sein bzw. dazwischen variieren. Und was die Möglichkeit der Winkelabstufung angeht, die im Tango mit jeder einzelnen Bewegung hervorgerufen werden kann, so gibt es für die Entfaltung ihrer Dynamik zumindest 45 verschiedene Grade. Am Anfang eines Tanzes beispielsweise gibt mir die Drehung des Standbeingelenks die Möglichkeit, die Richtung zu ändern und zwischen verschiedenen Zielen meiner Bewegung zu wählen. Wenn ich mich bemühe, den Winkel und damit die Richtung zu variieren, werde ich niemals auch nur annähernd die gleiche Strecke zurücklegen. Außerdem führt die Möglichkeit der Winkclwahl dazu, daß die Fortbewegung im allgemeinen der natürlichen Rundheit des Tango entspricht. Auf diese Weise wird meine Figur auch in Bezug auf die Art der Bewegungen schöner ausfallen. Hiervon ausgehend werde ich alle möglichen Kombinationen ausprobieren, bis ich im Ausdrucks-Apparat einen eigenen, persönlichen Stil gefunden habe. Dies auch, damit mein Tanz nicht aus einer einzigen Art von Bewegungen und Schritten besteht und auch nicht ständig dasselbe Tempo beibehält. Denn ein immer gleichbleibendes Tempo, also eine einheitliche Dynamik, verleiht dem Tanz keinerlei Ausdruckskraft. Wir müssen in unserer Gestaltung beständig Variationen hervorbringen. Nichts wird ebenso verlaufen, wie ich es zehn Sekunden zuvor gemacht habe, weil die Musik verschieden ist und weil ich bereits ein anderer bin, auch wenn dies seltsam klingt. Schon bin ich zehn Sekunden älter und befinde mich vor einer neuen Situation, und diese muß ich auf eine andere Weise bewältigen. Sie als Leser sind ja auch schon nicht mehr der, der dieses Buch anfangs zur Hand nahm, gleich ob dieser Umstand Ihnen nun viel oder wenig ausmacht.

Um das große Ausdrucksvermögen unserer Beine zu nutzen, müssen diese in einer Weise und Form gebraucht werden, die besondere Charakteristika aufweisen.

Welches ist nun die Stellung der Beine und wie treten sie in Beziehung zueinander? Zunächst werden wir sie eher als Stützen, denn als Bein und Fuß betrachten; wir sehen sie als Stützen der Struktur. Auch wenn sie gegliedert sind, sind sie doch die Fundamente, die das große Volumen der umarmten Körper tragen. Gleichwohl sind die Beine beim Tango auf eine besondere Art gestellt. Sie stehen mit angespannten Gelenken. Vom Oberschenkelgelenk bis zu den Zehengliedern sind alle Gelenke dieser Stütze angespannt.

Betrachten wir dies im einzelnen: Die Füße setzen die Spitze vor der Ferse auf. Wenn Tänzer den Modus der Fortbewegung zu beschreiben versuchen, wiederholen sie gewöhnlich die Phrase: "Spitze Ferse, Spitze Ferse". Die Regel, zuerst die Spitze und dann die Ferse aufzusetzen, erlaubt dem Tänzer die Beherrschung seines Körpergewichts. Diese verliert er, sobald er umgekehrt zuerst die Ferse aufsetzt. Hier scheint uns die Bemerkung angebracht, daß der Tango in seiner Technik reine und unreine Bewegungen kennt. Rein seien die Bewegungen meiner Beine genannt, die eine Verlagerung des Körpergewichts mit sich bringen und damit die Fortbewegung auslösen. Unrein sind dagegen jene Bewegungen, die mit den Beinen ausgeführt werden, ohne daß sie zu einer Verlagerung des Körpergewichts und zur Fortbewegung dessen, der die Beine bewegt, führen. Wir sehen dies deutlich bei den Katzen: die Katze tritt auf, und während sie ihr Körpergewicht nach vorne verlagert, hebt sie ihre Hinterpfote gerade genügend an, um sie gleich wieder aufzusetzen. Das scheinbar unwichtige Knöchelgelenk ist für diese Verlagerung des Körpergewichts von elementarer Bedeutung. Der Fußknöchel muß in dem Moment, in dem das

Gewicht vom Bein genommen wird, ganz gelockert sein. Nur wenn die Füße auf diese Weise arbeiten, ermöglichen sie eine harmonische Bewegung. Wenn ich dagegen meinen Fuß starr halte, wird die Art der Bewegung nicht fließend sein. Ebenfalls der beschuhte Fuß hat - auch wenn er im ganzen zu funktionieren scheint - die Möglichkeit der Beugung an drei Stellen: am Knöchel, im Mittelfuß und in den Zehengliedern. Der Tango-Tänzer nutzt ständig alle drei Möglichkeiten. Niemals benutzt er den Fuß im ganzen, sondern zuerst die Zehenglieder, dann den Mittelfuß und erst dann den Fußknöchel. So erfolgt die korrekte Verlagerung des Körpergewichts. Außerdem ermöglicht dies, daß die Übernahme des Körpergewichts durch das Bein, das damit zum Stützbein wird, ohne Auswirkungen auf die gesamte physische Struktur bleibt. Ich setze zuerst die Fußspitze auf, und trotz all dieser Gelenkarbeit zwecks Verlagerung des Körpergewichts nimmt dieses Bein mein Gewicht so auf, daß meine Haltung keinerlei Veränderung erfährt, da die Harmonika-Eigenschaft meiner Gelenke es mir erlaubt, alle Probleme und alle Spannungen, die sich auf meinen Füßen entladen, aufzufangen. Wir können sagen, daß die Verlagerung des Körpergewichts auf ein Bein sich direkt proportional zur Entlastung des anderen verhält. Dabei geschieht niemals alles gleichzeitig und auch nicht in abrupter Form. Wir wollen diesen Vorgang Übertragung des Körpergewichts nennen.

In den Anfängen des Tango verlagerten die Männer beim Improvisieren ihr Körpergewicht auf den Mittelfuß, um angesichts jeder möglichen Reaktion oder Bewegung, die sie eventuell ausführen müßten, schnell bereit zu sein. Dabei bemerkten sie allerdings, daß nach dem Aufsetzen der Fußspitze ihr Schuhabsatz einige Zentimeter in der Luft blieb. In diesen kurzen Phasen mußten sie auf den Fußspitzen tanzen wie die Frauen. Um dies nicht tun zu müssen und um den Verlust des Gleichgewichts zu vermeiden, erhöhten sie den Absatz, so daß sie sofort mit dem ganzen Fuß aufsetzten.

Aus jener Zeit stammen die beiden Begriffe "Taquero" und "Taquería". Stammgäste des Tango waren viele Zuhälter, Kuppler und Gecken, die beim Tanzen diese erhöhten Absätze ("tacos") benutzten. Wenn es gelegentlich zu einer Razzia kam und die Zuhälter aufs Polizeirevier gebracht wurden, schnitt der Kommissar ihnen die Absätze ab. Daher der Ausdruck "Taquero", mit dem der Kommissar bezeichnet wurde, und die Bezeichnung "Taquería" für das Polizeirevier.

Die Bewegung des Fußes ist leicht zu verstehen bei Schritten nach vorne. Schwieriger wird es bei der Ausführung von seitlichen Bewegungen. Der Fuß kennt auch eine seitliche Beugung. Ich suche den Boden, indem ich meinen

Gelenkbeugung

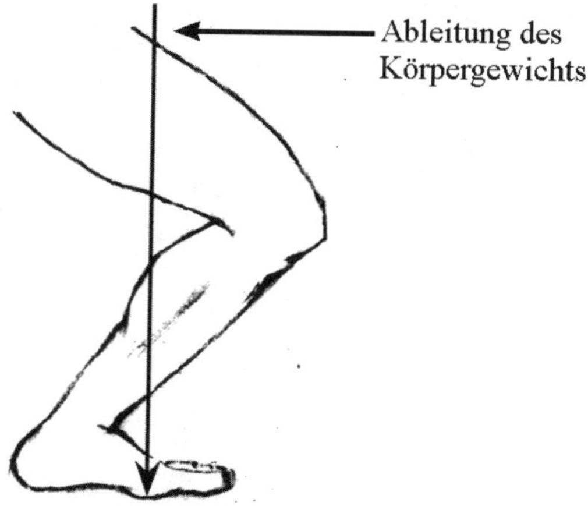

Fußknöchel beuge. Wozu? Um die bei der Bodenberührung entstehende Spannung auch in seitlicher Richtung auffangen zu können. Wie wir gesehen haben, sind die Gelenke des Beins angespannt. Diese Gelenkspannung ist der mittlere Zustand zwischen der Beugung und der Gelenkblockierung. Wenn ich den Fuß beuge, ist mein vorderer Muskel gestreckt und der hintere verkürzt.

Gelenkblockierung

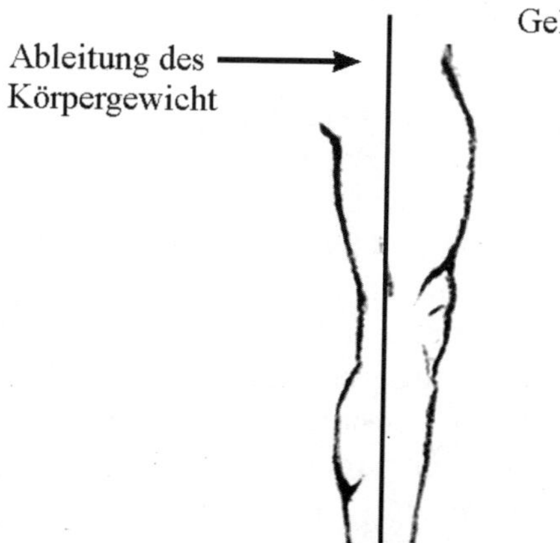

Bei Gelenkspannung dagegen sind meine Muskeln zwar angespannt, verändern aber nicht ihre Länge; es tritt keine Veränderung der Muskelfasern ein. Das Bein ist weder gebeugt noch blockiert.

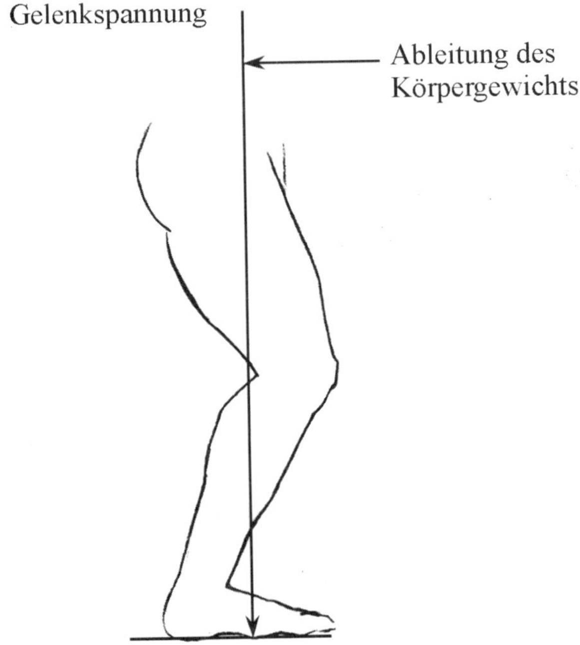

Jeder findet diese Position auf seine eigene Weise, je nach seinem Körperbau, je nachdem, ob seine Sehnen länger oder kürzer, seine Beine stärker oder weniger entwickelt sind. Diese Beinhaltung versetzt mich in jene Spannung, die jeden meiner Muskeln augenblicklich reagieren läßt. Sie kommt einem Alarmzustand gleich. Tiere reagieren instinktiv so auf angsterweckende Situationen. Sie spannen augenblicklich ihre Gelenke an, was man die Flucht- oder Angriffsposition nennt. Zunächst werden sie zu entkommen versuchen, und wenn sich das als unmöglich erweist, werden sie angreifen. Diese Position erlaubt es ihnen ebenso wie uns, sich plötzlich und unvermutet in jedwede Richtung zu bewegen. Beim Tango reagieren wir natürlich nicht aus Angst, aber da es sich um einen improvisierten Tanz handelt, wissen wir tatsächlich nicht, nach welcher Seite wir uns im nächsten Takt bewegen. Nicht einmal der Mann, der theoretisch führt, weiß, was eine Sekunde später passiert. Vielleicht erfordert die Musik etwas, woran er nicht gedacht hat, oder seine Partnerin versteht dies nicht und wendet sich zur anderen Seite. Tausend unvorhergesehene Situationen können sich ereignen und ihn veranlassen, seine Richtung zu ändern. Auf der anderen Seite verleiht die Gelenkspannung seinem ganzen Körper Leichtigkeit. Wenn ich meine Gelenke blockiere, zieht dieses Gewicht zur Erde und fällt nach hinten auf die Ferse. Bei angespannten Gelenken entstehen dagegen nach oben gerichtete Kräfte, die meinem Gewicht entgegenwirken, insofern dieses sich in der Mitte, d.h. auf den Mittelfußknochen ablädt. Die durch die Anspannung erzeugten Gegenkräfte machen meinen Körper leichter. Betrachten wir dies erneut bei den Katzen: Wenn eine Katze fällt, entwickelt sie Spannungen, die nach oben weisen und den Fall abfedern; wenn sie ihre Lage verändert, blockiert sie niemals ihre Stützgelenke.

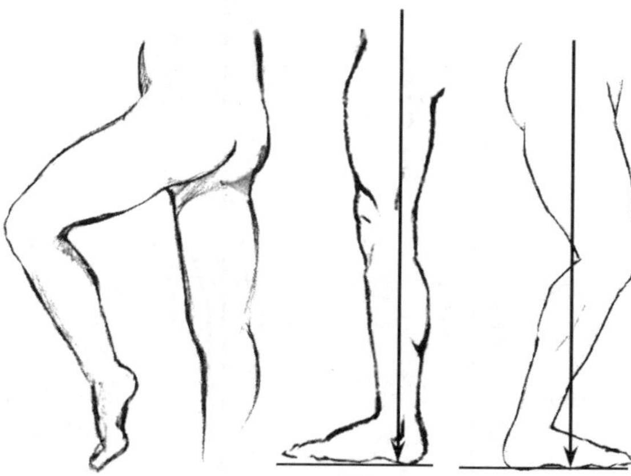

Beugung Blockierung Spannung

Wir haben bereits festgestellt, daß der Tango mit allen afro-amerikanischen Tänzen die Technik der Dissoziation gemein hat. Es gilt jedoch ein sehr wichtiges Detail festzuhalten. Während bei all jenen Tänzen die Bewegung in der Hüfte entsteht, endet sie hier in der Hüfte. Wie ist das? Beim Tango bewegt sich die Hüfte in Funktion der Beine und nicht umgekehrt.

Wir gelangen damit zu dem, was ich die Zwischenzone nenne, die weder zum Ausdrucks-Apparat noch zum dramatischen Apparat gehört, sondern als Bindeglied zwischen beiden Apparaten dient. Dabei ist zu beachten, in welcher Position sich die Hüfte befinden muß, um eine leichte und schnelle Bewegung des gesamten Beins zu erleichtern. Halte ich das Becken nach hinten gestreckt, so verschiebe ich auch die Hüftgelenk-pfanne, die den Kopf des Oberschenkelknochens umfängt, nach hinten. Diese Haltung erschwert die Beinbewegungen, da sie den Gelenkspielraum zwischen Oberschenkelknochen und Hüftgelenkpfanne verringert. Wenn ich dagegen das Becken nach vorne strecke, befindet sich die Gelenkpfanne in einer Position, die den Beinen eine größere Bewegungsfreiheit verschafft.

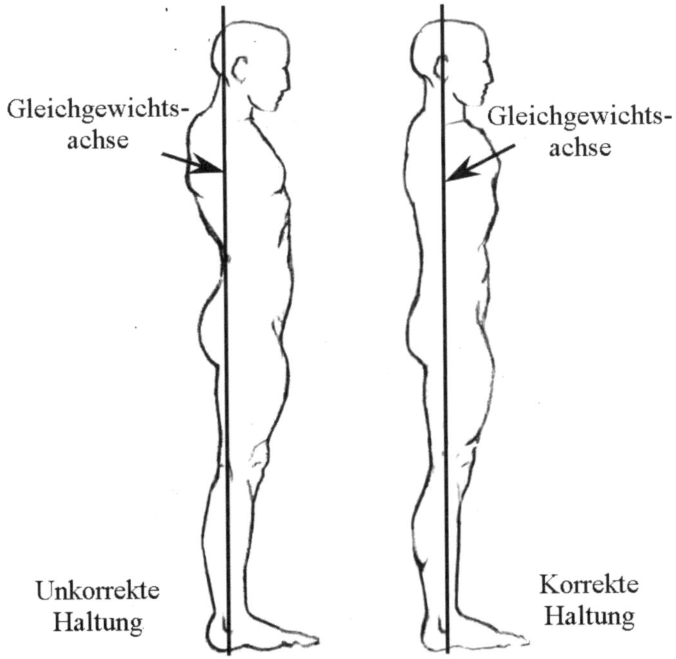

Unkorrekte Position

Korrekte Position

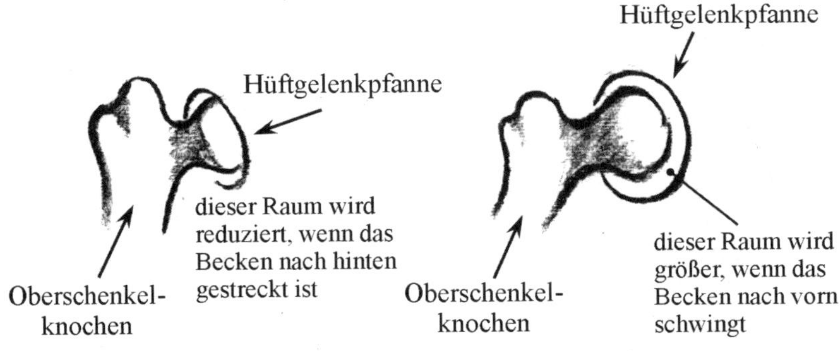

In den Anfängen des Tango war diese Haltung normal. Die Männer waren zu reiten gewohnt, und dementsprechend bewegten sie logischerweise ihre Hüften. Vergessen wir nicht, daß die Menschen ihren Körper benutzen, um sich auszudrücken, so wie sie ihn bei ihrer Arbeit und in ihrem täglichen Leben gebrauchen. Auf der anderen Seite entspricht dies auch der natürlichen Körperverfassung. Die haben wir im Zuge der kulturellen Aggression, die wir erlitten haben und noch erleiden, verloren. Zum Beispiel ruft die Mode des Tanga ("cola-less") oder der Hüfthosen die Haltung des "aufgestellten Hinterteils" hervor und bewirkt, daß die Hüfte mittels einer erzwungenen Biegung der Lendenwirbel nach hinten gestreckt wird - mit all den Nebenwirkungen, die sich aus dieser unnatürlichen Haltung ergeben.

Das auf den Köpfen der Oberschenkelknochen natürlich aufruhende Becken vermag sich schwingend vor- und rückwärts, aber auch seitwärts zu bewegen. Die Drehmöglichlichkeit in der Taille erreicht vielleicht bis zu 300 Grad oder je nach Person etwas weniger. Auf jeden Fall können wir, wenn wir Taille und Hüfte zusammennehmen, fast von einer Richtungs-Allseitigkeit sprechen. Aufgrund dessen wirkt die Zwischenzone wie ein Puffer zwischen dem Ausdrucks-Apparat und dem dramatischen Apparat des Paares. Die Hüfte muß wie ein Schwimmer, wie eine Boje im Wasser funktionieren: sie muß die Fähigkeit besitzen, verschiedene Bewegungen aufzufangen, die sich von den Füßen aus auf die Zone oberhalb der Beine übertragen. Wenn der Oberschenkelknochen ansteigt, verschafft ihm die Hüfte mit ihrer Pendel-Eigenschaft Platz. Selbst bei der einfachsten Schrittbewegung erfolgt ein schwingender Ausgleich durch die Hüfte. Wenn wir, um dies zu verdeutlichen, am Steißbein mit einem Faden ein Bällchen aufhängen könnten, würde dieses Bällchen, sobald wir uns bewegen, vom einen Fuß zum anderen pendeln und nicht in der Mitte bleiben. So gerade wir auch gehen mögen, die Hüfte bewegt sich, und ohne daß wir es bemerken, gleicht sie die Bewegung unserer Füße aus. Daher nimmt man die Verschiebung in unserem Gang nicht wahr. Beim Paar erfolgt zusätzlich zur individuellen Kompensation ein Ausgleich durch die beiden Hüften. Wenn die eine sich nach vorne bewegt, so tut dies die andere im gleichen Maße nach hinten. Wie infolge einer Magnetisierung verhalten sich beide wie eine. Dies nennen wir eine "Beziehungs-Komposition"; sie läßt es nicht zu, daß die Bewegung sich auf den oberen Apparat überträgt.

INDIVIDUELLE BEZIEHUNGS-KOMPOSITION

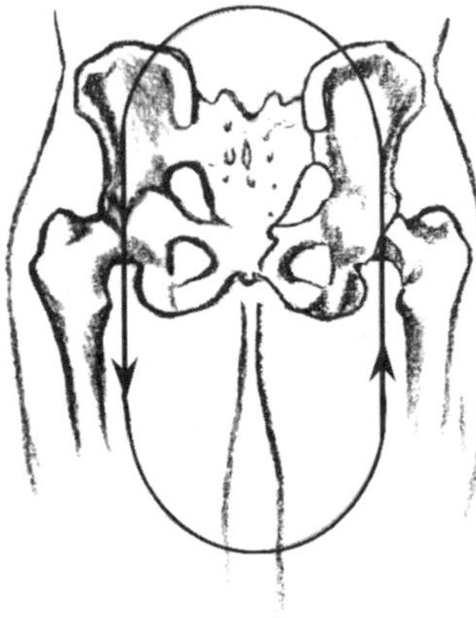

BEZIEHUNGS-KOMPOSITION IN DER ZWISCHENZONE

Paar im Profil

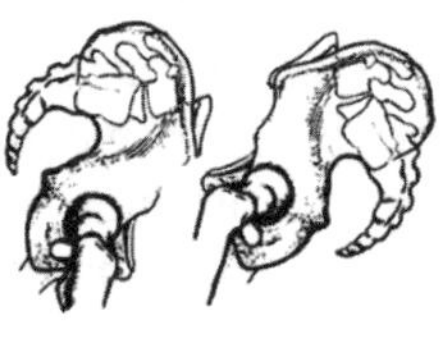

1

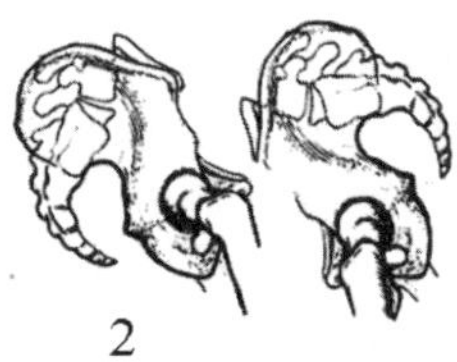

2

Gleichgewichtslage

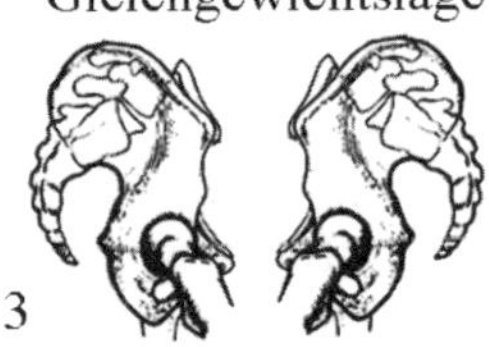

3

1 und 2 stellen unkorrekte Ausgleichs-Lagen dar
3 Idealzustand

Dies entspricht in etwa der Beziehungs-Komposition, die zwischen unseren Beinen besteht: beim Tanzpaar verhalten sich die Beine so, als wären sie nur ein einziges Paar Beine, als wären die Beine eines jeden einem einzelnen Bein äquivalent.

Die Hüften behalten stets die Funktion von Schwimmern, die die Körperstruktur des Paares auf dem gleichen horizontalen Niveau halten. Sie federn jegliche von den Beinen ausgeführte Bewegung ab. Diese Schwimm-Fähigkeit erlaubt die Dissoziation zwischen dem Oberkörper und den Füßen. Die Techniken der Beziehungs-Komposition und der Dissoziation bilden vielleicht eines der großen Geheimnisse des Tango, denn sie sind von außen kaum zu beobachten. Nur die gesammelte Praxis-Erfahrung verschafft uns wirklich das Bewußtsein von jeder einzelnen der Techniken, die im Tanz vorkommen.

Zur erwähnten Schwing- und Drehfähigkeit ist eine andere Fähigkeit der Zwischenzone hinzuzufügen, nämlich die der Rotation, die zwar nicht speziell mit der Zwischenzone zu tun hat, wohl aber mit der allgemeinen Mechanik des Körperbaus, und die darin besteht, daß ich mich auf der Tanzfläche um mich selbst drehen kann. Dieses Manöver nennen wir Achsdrehung, womit genau bezeichnet wird, daß der Fuß sich auf dem Boden um eine Achse dreht, ohne sich in irgendeine Richtung fortzube-wegen. Den Fuß, auf dem ich mich drehe, nennen wir Drehachse, und diese ist identisch mit der Achse, über die das Körpergewicht abgeleitet wird. Sie muß durch unseren Mittelfuß verlaufen, niemals durch die Ferse. Die begriffliche Bestimmung der Achsdrehung ergibt sich aus der Notwendigkeit, sie von der eigentlichen Drehung zu unterscheiden. Diese bezieht sich auf das Paar, wenn nämlich der Mann sich um die Frau oder die Frau sich um den Mann herum bewegt, sowie auf Drehbewegungen in Figuren, in denen nicht notwendigerweise eine Achsdrehung oder Rotation ausgeführt wird.

Bei der Achsdrehung erhält die Ableitung des Körpergewichts eine besondere Bedeutung. Wenn das Gewicht auf der Ferse ruht, befindet sich mein Schwerpunkt hinten; infolgedessen werde ich eine Hilfsbewegung ausführen müssen, um mein Gewicht nach vorne, d.h. auf den Mittelfuß zu verlagern und damit auf die Drehachse. Wenn ich aber, wie oben erklärt, zuerst die Fußspitze aufsetze, bevor ich mit der Ferse auftrete, verlege ich das Gewicht auf den Mittelfuß und bleibe in der Position, in der ich die Achsdrehung ohne weiteres ausführen kann. Diese Achsdrehung bedarf jedoch einer Bremse, eines Halts, denn sonst würde ich mich weiter drehen. Also werde ich in dieser Situation die

Ferse bzw. den Schuhabsatz aufsetzen. Während ich mit dem Absatz auftrete, kann ich mich jedoch mit Hilfe meiner Gelenke durchaus noch weiterdrehen. Meine Taille kann dies verstärken, aber mehr auch nicht, denn die Achsdrehung ist ja schon nicht mehr möglich. Zusammenfassend läßt sich sagen, daß die Ferse mitsamt dem auf ihr ruhenden Körpergewicht die Fähigkeit des Fußes zur Achsdrehung blockiert. Daher gebrauchen wir sie als Bremse, um die Achsdrehung im gewünschten Moment aufzuhalten und uns erneut fortzubewegen.

In Bezug auf die Fortbewegung möchte ich betonen, auch wenn ich erst später näher darauf eingehen werde, daß jeder Körper, sobald er in Bewegung gesetzt wird, eine Beschleunigung erhält und dadurch eine Geschwindigkeit annimmt, dann aber im Verlauf der Schritte oder der auf die Musik bezogenen Bewegungen auch wieder eine Verlangsamung erfährt. Wenn ich mich vom Ruhezustand aus in Bewegung setze, gebe ich meinem Körper eine Beschleunigung. Diese Beschleunigung, dieser Impuls, enthält ein Trägheitsmoment, weshalb ich das Tempo allmählich verlangsamen muß, um den Körper unter Kontrolle behalten zu können. Denn wenn ich die Bewegung

SCHEMATISCHE DARSTELLUNG
DES TRÄGHEITSMOMENTS

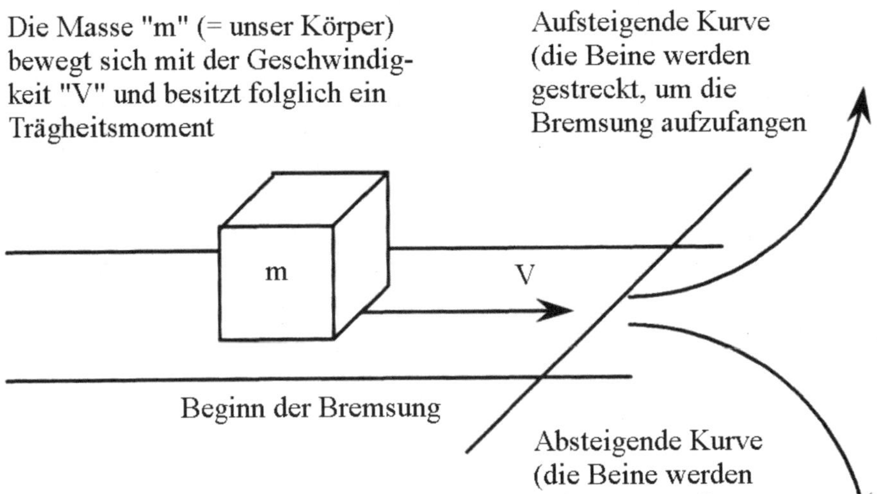

jäh stoppe, reißt jenes Trägheitsmoment den Körper weiter mit. Dasselbe geschieht mit dem Auto. Wenn ich die Bremse ein einziges mal trete, blockieren die Räder und wird das Auto nach dem Trägheitsgesetz weitergeschleift, weil die Fortbewegung jäh gestoppt wurde. Wir müssen also irgendeine andere Technik anwenden, um die Trägheitsenergie aufzufangen. Wir können sie in erster Linie dadurch auffangen, daß wir die Energie auf den Boden ableiten und zu diesem Zweck im Moment des Bremsens die Beine stärker beugen. Auf diese Weise fügen wir der Fortbewegung eine abschwächende Bewegung hinzu (abfallende Kurve). Eine andere Möglichkeit besteht darin, sie sich verlieren zu lassen, indem wir mit den Beinen weit ausschreiten, wodurch der Fortbewegung eine auslaufende Bewegung hinzugefügt wird (ansteigende Kurve).

Diese Techniken sind zwar wirksam, aber nicht sonderlich anzuraten, da sie bei wiederholter Verwendung das fließende Moment unterbrechen, von dem im folgenden Kapitel die Rede sein wird. Eine dritte Alternative besteht darin, daß einer der Tanzpartner - mittels Entwurf oder Ausführung der Figur - die Trägheitsenergie des Partners mit seinem Körper auffängt. Hierzu muß er mit seinen Beinen eine Bremsung vollführen und sich so stellen, daß er die Trägheitsenergie mit seinem Körper auffangen kann.

Was ich zuletzt beschrieben habe, gilt für den Fall einer jähen Unterbrechung, in allen anderen Fällen wird das Problem einfach durch Verlangsamung der Bewegungen, die das Ende einer Figur bilden, gelöst. Insofern erfüllen die Beine auch die Funktion der Regulierung der Tanzbewegung.

Wie reguliere ich meine Tanzbahn? Hauptsächlich mithilfe der oben erwähnten direkten Modifikatoren. Auf den Winkel wirkt die Achsdrehung ein, auf die Schnelligkeit die Beschleunigung bzw. Verlangsamung und auf die Weite der Impuls, der aus der inneren Bewegung heraus jede Bewegung prägt. Dieser Impuls erzeugt die Kraft, die unseren Körperwiderstand überwindet und uns im Raum bewegen läßt.

Individuell unterschiedlich, ergibt sich die Entwicklung des Tanzes aus dem inneren Impuls, der seinerseits aus verschiedenen äußeren Faktoren (Musik, Raum usw.) und dem Paar innewohnenden Motiven (der Partner mit seinen Eigenheiten) resultiert, sowie aus der Weite, der Schnelligkeit und dem Winkel der Bewegung, und all dies unter den zufälligen Umständen, die die Tanzfläche an räumlichen Möglichkeiten bietet. In Bezug auf die räumliche Dimension, von der - wie bereits bemerkt - alles abhängt, müssen wir die dem Tangopaar eigenen Räume kennenlernen. Dabei stoßen wir zunächst auf den Tanz-Zirkel (siehe Seite 12).

Alle Tänze haben einen solchen Tanz-Zirkel, der mit den Beinen auf dem Boden als Kreislinie markiert wird. Beim klassischen Tanz beispielsweise befindet sich der Kopf dieses Zirkels im Becken, von wo aus mit den Beinen eine Kreislinie auf dem Boden gezogen wird. Der Tänzer soll sich innerhalb des so markierten Umkreises halten. Beim zeitgenössischen Tanz setzt der Zirkel weiter oben beim Solarplexus an, woraus sich weitere Bewegungen ergeben. Je weiter oben sich der Zirkelkopf befindet, desto größer fällt der Tanz-Zirkel aus. Bei diesem wie auch bei jenem Tanz müssen die Bewegungen mit der jeweils besonderen Choreographie und räumlichen Ästhetik übereinstimmen. Die tänzerische Gestaltung und Nutzung des Raums sind mithin kennzeichnend für jeden Tanz, wobei dieser sich selbst durch den Tanz-Zirkel und seine korrekte Handhabung definiert. Beim Tango befindet sich der Zirkelkopf in den Knien, und der Tanz-Zirkel wird von beiden Tanzpartnern gebildet. Den halben Umkreis zieht der Mann, die andere Hälfte die Frau.

Tanz-Zirkel des Tango

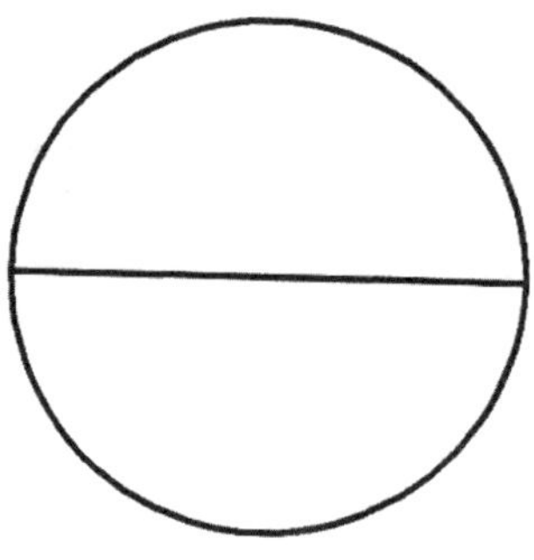

Tanz-Zirkel des Walzer

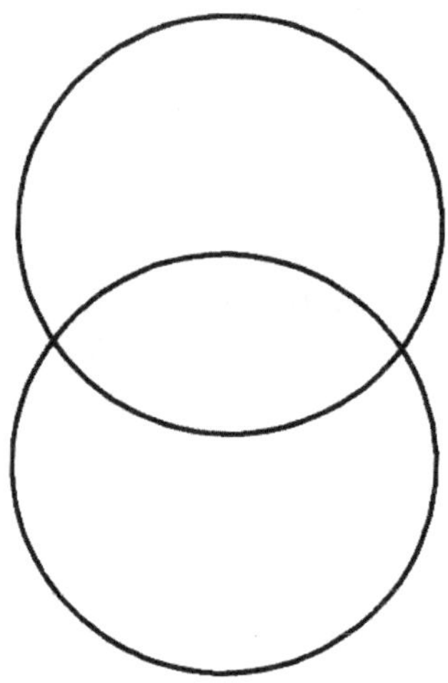

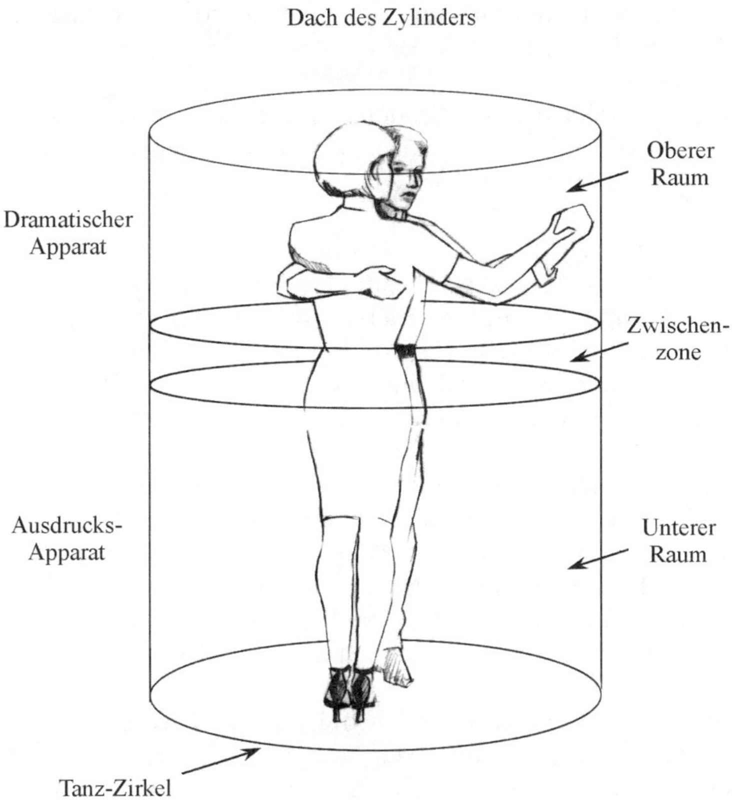

Beim Walzer finden wir zwei vollständige Kreise, einen des Mannes und einen der Frau, die sich in einem kleinen gemeinsamen Segment überschneiden.

Beim Tango besteht der Umkreis aus einem einzigen Tanz-Zirkel. Über der von diesem Zirkel gezogenen Kreislinie erhebt sich ein Luftzylinder, der den Aktionsraum darstellt. Das Dach des Zylinders, auf den ich im Zusammenhang des dramatischen Apparates näher eingehen werde, ist die dem Tanz-Zirkel entsprechende Kreisfläche, die sich auf der Scheitelhöhe des größeren Tanzpartners befindet. Das Paar soll sich innerhalb und nicht außerhalb dieses Raums bewegen. Wenn es diesen Raum durchbricht, wenn es den Tanz-Zirkel mit irgendeinem Körperteil verläßt, seien es die Arme, die Beine oder der Kopf, dann entfernt es sich bereits sowohl von der Technik als auch von der Ästhetik dieses Tanzes. Man muß schon eine Bewegung vollführt haben, die weder zum

Tango gehört, noch sich mit ihm verträgt, um einen solchen Fehler zu begehen. Insofern könnten wir sagen, daß die Bewegung unkorrekt war.

Da es sich aber um einen Improvisations-Tanz handelt, können wir eigentlich nicht von Unkorrektheit sprechen. Wir bezeichnen lediglich die Voraussetzungen für ein besseres Tanzen.

Teilt man nun jenen Zylinder in der Hälfte, so ergibt sich ein oberer und ein unterer Raum. Der untere gehört zum Ausdrucks-Apparat, der obere zum dramatischen Apparat. Im unteren Raum wird eine für Paar-Tänze neuartige Technik eingeführt. Der Tango eröffnet eine ganz und gar revolutionäre Modalität, die darin besteht, daß die Tanzpartner in den Raum des jeweils anderen eindringen. Eindringen? In der Tat. Aber was heißt das? Es bedeutet, daß der Tänzer seine Beine in dem zwischen den Beinen des Partners, sei es Mann oder Frau, bestehenden Raum bewegt. Der Tango leitet die Invasion des Raumes ein. Es wird zu einem Spiel, in das Tanzfeld des anderen einzudringen und in ihm aufzutreten. Bis zum Ende des letzten Jahrhunderts war es unvorstellbar, daß jemand beim Tanzen in die Sphäre des anderen eindringen könnte, und zwar weder in den Volks-, noch in den Schultänzen. Diese Invasion ist eine der hervorstechenden Eigentümlichkeiten des Tango.

Es gibt zwei Formen dieser räumlichen Invasion. Die eine besteht in der Invasion des vorhandenen Raums. Man dringt in die Tanzsphäre des anderen ein, behindert aber nicht dessen Beinbewegung. Die andere Form ist die Invasion des sich entwickelnden Raumes. In diesem Fall interveniere ich in der Weise, daß ich in die Sphäre der Bahn eindringe, die das Bein des anderen nehmen wird. Dabei gibt es Techniken der Ankündigung, um den Partner oder die Partnerin spüren zu lassen, daß ich meinen Fuß dorthin gestellt habe, wo sein/ihr Bein hingelangen wird, um ihm/ihr anzukündigen, daß mein Bein sich in der Diagonale zwischen meinem Körper und seinem/ihrem Standfuß befindet, d.h. dem Fuß, der keinen Schritt macht. Infolgedessen wird der Fuß des anderen, der auf dem Weg ist, sich anheben müssen, um dem ihn behindernden Bein auszuweichen. Wir können also zwei Arten von Invasion unterscheiden: eine die eindringt, die Beine aber nicht am Schreiten hindert, und eine andere, die sehr wohl stört.

Man muß so tief in den Raum des anderen eindringen, daß die Linie zwischen den beiden Füßen des Gegenüber überschritten wird, damit sich vier Stützpunkte ergeben.

STÜTZPUNKTE

Korrekte Positionen: A, B und C

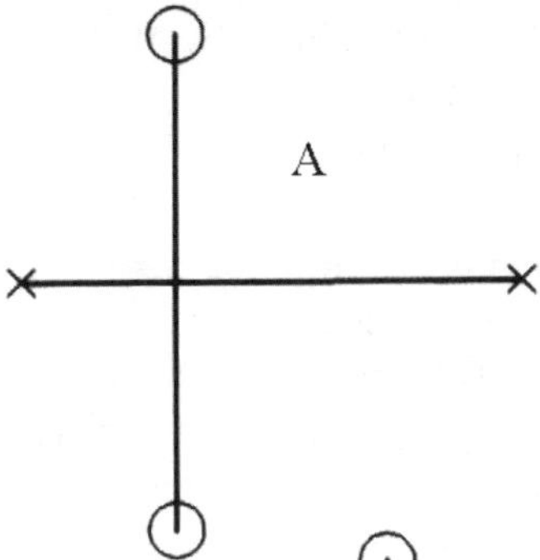

A

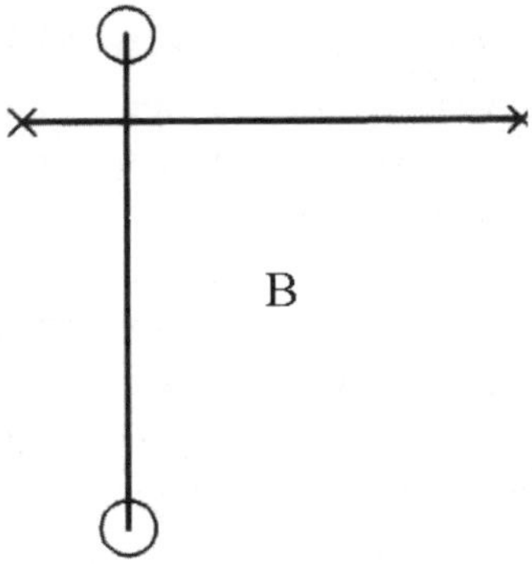

B

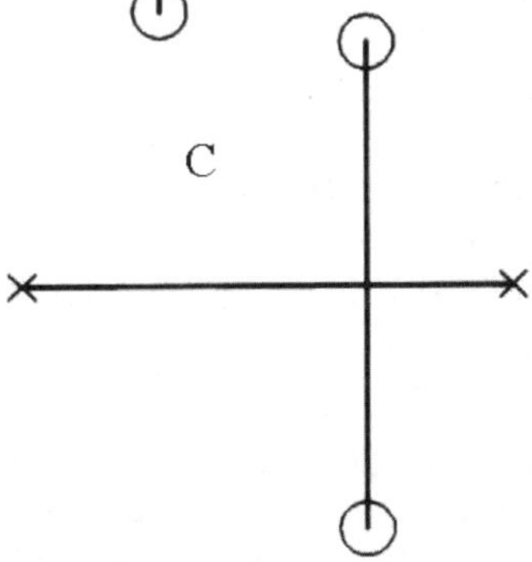

C

Unkorrekte Positionen: D, E und F

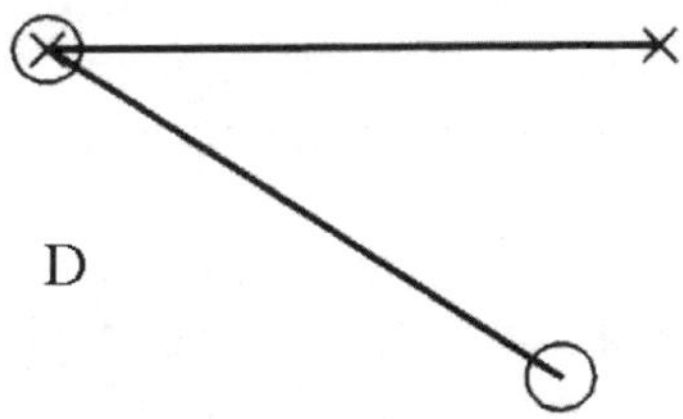

D

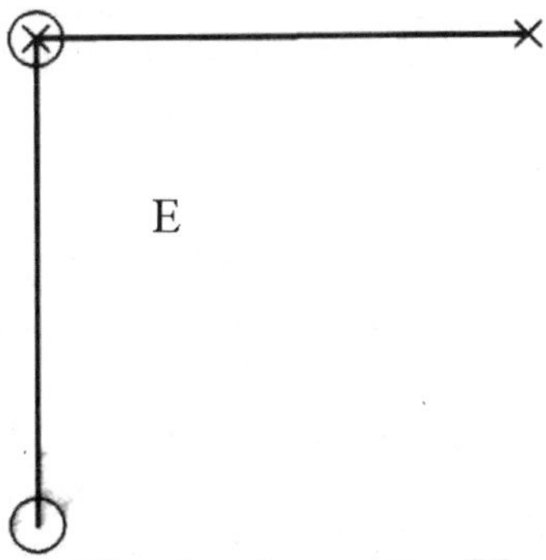

E

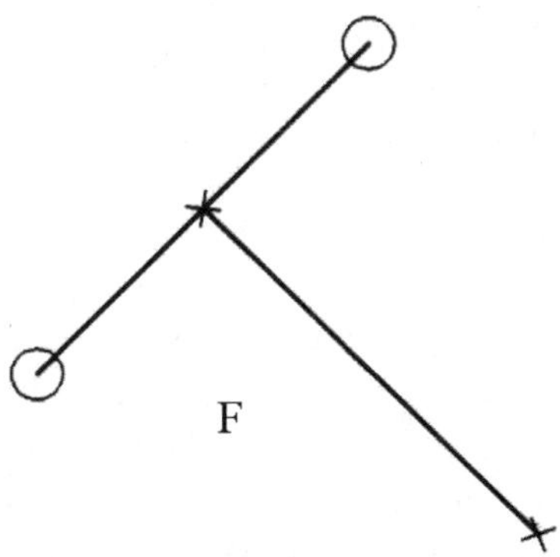

F

Wenn ich nicht genügend eindringe und auf der imaginären Linie bleibe, die die Füße meines Partners verbindet, werde ich nur über drei und nicht vier Stützpunkte verfügen. Im Falle einer Struktur oder eines festen Körpers nennen wir letztere Position (mit vier Stützpunkten) statisches Gleichgewicht. In diesem Zustand bleibt die Struktur unbewegt, d.h. es besteht keine Notwendigkeit zur Positionsveränderung, um eine bessere Auflage zu finden.

Verfügt die Struktur oder der Körper dagegen nicht über diese Auflage, wird sie bzw. er sich nach einer der Seiten oder nach vorn oder hinten verschieben, um eine breitere Basis zu erhalten, um das Volumen gleichmäßiger zu verteilen und so auf nur drei Stützpunkten Stabilität zu erreichen (allerdings auf Kosten von unerwünschten Bewegungen und Spannungen in irgendeinem Teil des Körpers). Da der Tango ein Tanz runder Bewegungen auf der Tanzfläche ist, wird der jeweils andere dazu tendieren, an der Stelle zu tanzen, wo der Stützpunkt fehlt. Bei nur drei Stützpunkten gelingt der Tanz nur schlecht und mit großen Problemen der Bewegungskontrolle, denn man gebraucht eine ganze Reihe von Muskeln, um nicht zu fallen. Es ergeben sich zusätzliche Spannungen und eine deutliche Tendenz, den Tanz-Zirkel zu verlassen.

In dem Sinne, in dem unser Körper eine feste Struktur ist, stellt das Gleichgewicht eines der wesentlichen Elemente des Tanzens dar. Mehr noch, der ganze Tanz besteht darin, alles im Gleichgewicht zu tun. Die Tänzer renommieren geradezu damit, nicht zu fallen. Viele schauen dem Tango wohl gerade deshalb gern zu, weil sie dabei sehen, wie die Partner zugleich mit ihrem eigenen Gleichgewicht glänzen und das größere Gleichgewicht inerhalb der Gesamtstruktur des Paares beherrschen. Zu diesem Spiel kommen die Regeln des Modus hinzu, und all dies fügt sich in die improvisierende Schöpfung der Form ein. Gelegentlich geschieht es, daß man aus fehlender Gleichgewichtskontrolle oder auf der Suche nach ihr den Modus nicht beachtet und einem folglich der Tanz nicht in vollendeter Form gelingt.

Die Kontrolle des Gleichgewichts ist grundlegend für jegliche Fortbewegung, besonders wenn diese zu zweit, in einer Gemeinschaft mit bestimmten Eigenheiten erfolgt. Immer schon haben die Menschen sich vom Tanz angezogen gefühlt, weil er ihnen die Möglichkeit bietet, mit ihrem Gleichgewicht zu spielen. Von daher kann man wohl sagen, daß der Tanz das Gleichgewicht aufs Spiel setzt. Überhaupt ist das Gleichgewicht eines der Grundgesetze des Universums, denn gäbe es ein solches nicht, würden die Planeten zusammenstoßen. Das persönliche Gleichgewicht ist etwas, was uns zutiefst betrifft, zumal wenn man bedenkt, daß nach unserer Geburt eine unserer ersten psychomotorischen Leistungen darin besteht, gehen zu lernen. Vielleicht kommt aus diesem Grund der Tanz in allen Kulturen der Weltgeschichte vor. Etwas treibt den Einzelnen an, sich rhythmisch zu bewegen, in einem Spiel, in dem sich zugleich der soziokulturelle Kontext spiegelt. So brachte jener natürliche Vorgang die verschiedenen Tänze hervor.

Zum Thema der Gewichtsverlagerung läßt sich weiterhin feststellen, daß die Beine ihre Stellung verändern, sobald wir auf dieses Gleichgewicht, das uns aufrechterhält, Druck ausüben. Ich will dies eingehend erläutern: Im allgemeinen stellt man sich das Gleichgewicht des menschlichen Körpers als eine Achse oder Linie vor, die unseren Körper senkrecht zur Bodenfläche durchzieht. Diese Vorstellung entspricht im Falle statischer Zustände der Wirklichkeit. In der Bewegung aber spielen andere Faktoren eine Rolle, die dafür sorgen, daß diese Gleichgewichtsachse in ihrer Idealposition gehalten wird. Um die Kontrolle des Gleichgewichts zu behalten und um verstehen zu können, was mit ihm in der Dynamik des Tanzes geschieht, müssen wir vom "Gleichgewichtszen-trum" sprechen, das beim Tango ebenfalls eine wichtige Rolle spielt. Wir besitzen ein solches Gleichgewichtszen-trum, es befindet sich etwa fünf Finger (der eigenen Hand) oberhalb des Nabels.

GLEICHGEWICHTSACHSE
UND -ZENTRUM

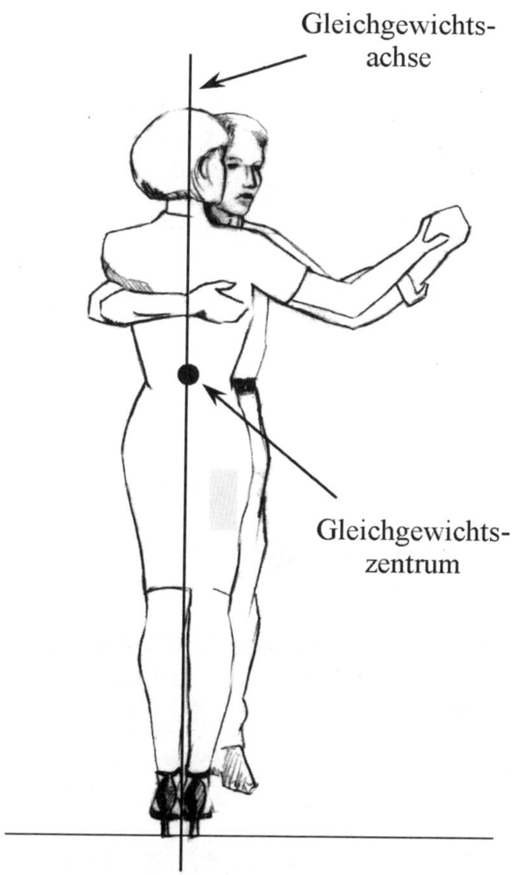

Immer wenn der senkrecht unter diesem Gleichgewichts-zentrum befindliche Punkt die Fläche verläßt, die von den Füßen eingenommen wird, verlieren wir das Gleich-gewicht. Klären wir, was die von den Füßen eingenommene Fläche umfaßt: Wir verstehen unter dieser Bezeichnung das Rechteck, das sich aus der Fläche meines linken Fußes, der Strecke bis zu meinem rechten Fuß und dessen Fläche ergibt.

EINGENOMMENE FLÄCHE

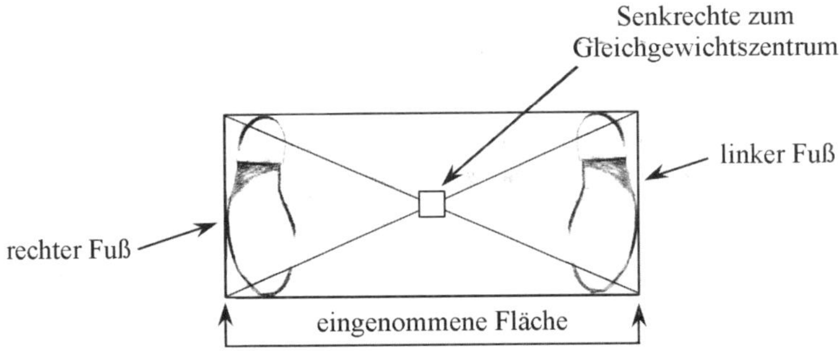

Die Idealposition ergibt sich, wenn das "Gleichgewichtszentrum" sich genau senkrecht über der Mitte des imaginären Rechtecks auf dem Boden bedindet.

DAS GLEICHGEWICHTSZENTRUM UND
DIE VON DEN FÜSSEN EINGENOMMENE FLÄCHE

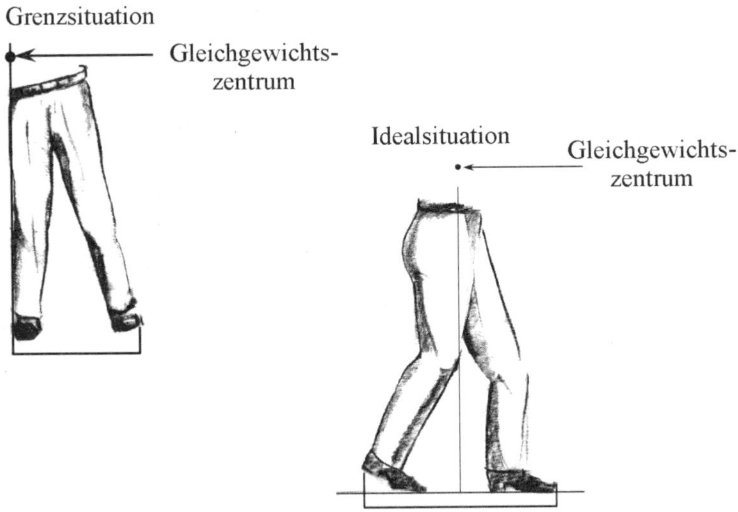

In dem Maße, in dem sich das Gleichgewichtszentrum zu einem der Ränder verlagert, bekommen wir Schwierigkeiten mit dem Gleichgewicht, und wenn es diese Ränder überschreitet, verlieren wir es ganz.

VERLAGERUNG DES GLEICHGEWICHTSZENTRUMS
IM VERHÄLTNIS ZU DER
VON DEN FÜSSEN EINGENOMMENEN FLÄCHE

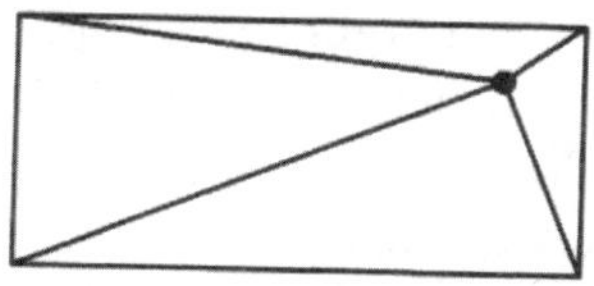

Verlagerung des
Gleichgewichtszentrums
vorne rechts

Verlagerung des
Gleichgewichtszentrums
Mitte links

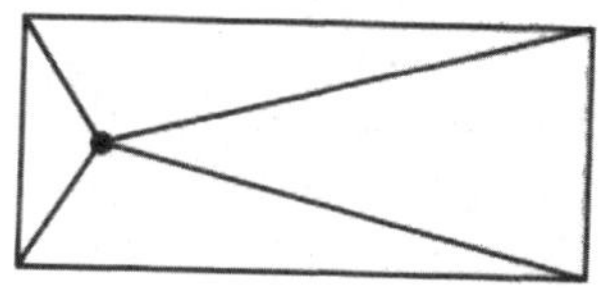

Verlagerung des
Gleichgewichtszentrums
nach außerhalb:
Verlust des Gleichgewichts

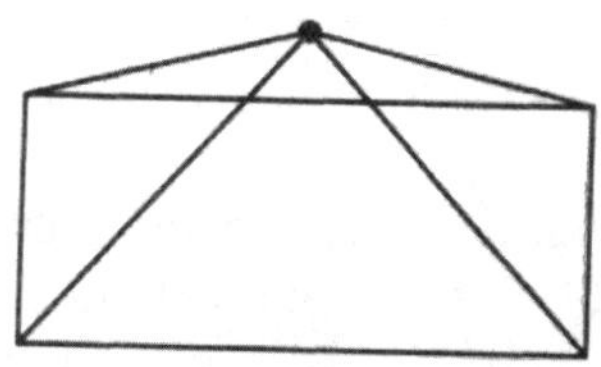

Was geschieht also? Ich kann auf das Gleichgewichtszentrum in der Weise Druck ausüben, daß es sich zu einer Verlagerung angeregt fühlt, und wenn ich das Gleichgewicht zu verlieren drohe, werde ich die Beine bewegen müssen, um es wiederherzustellen.

In dem Moment, in dem die Frau an die Grenzen der von ihren Füßen eingenommenen Fläche gelangt, wird sie instinktiv ihre Füße in die Richtung bewegen, in die der Druck ausgeübt werden, um ihr Gleichgewichtszentrum wieder in die Mitte jener Fläche zu bringen. Ich rufe erneut Spannungen hervor, und die Frau wird den anderen Fuß bewegen, bis ihr Gleichgewichtszentrum wiederum in der Mitte der eingenommenen Fläche bleibt.

Für diesen Mechanismus wird gemeinhin die Bezeichnung Befehl verwendet (ich nenne ihn lieber Code; warum ich mit dem Wort Befehl nicht einverstanden bin, werde ich auf den folgenden Seiten erläutern). Daß er von der Frau befolgt wird, macht in der Tat das Spiel aus, das der Mann mit ihrem Gleichgewichtszentrum vollführt.

Was muß also, zusammengenommen, die Frau tun, um nicht zu fallen?

Sie muß ihr Gleichgewichtszentrum verlagern und kontrollieren, bis dieses sich über der Mitte der von ihren Füßen eingenommenen Fläche befindet, oder mit anderen Worten, sie muß diese Grundfläche mitten unter ihr Gleichgewichtszentrum bringen. Nicht mehr und nicht weniger als dies tut sie instinktiv.

Somit können wir den Befehl als Übermittlung von Daten definieren, die das Gleichgewichtszentrum in eine räumliche Richtung drängen; ebenso den Gegenbefehl, aber mit dem Zusatz, daß dieser aus einer Bewegung resultiert, die durch einen Befehl ausgelöst wurde.

Die herkömmliche Auffassung zu dieser Frage besagt, daß der Impuls von der rechten Hand des Mannes ausgeht, die beim Ergreifen der Initiative in verschiedenen Richtungen Druck auf den Rücken der Frau ausübt.

Wie wir jedoch noch sehen werden, können Impulse nicht nur von der Anwesenheit dieser rechten Hand ausgehen, sondern auch von der Abwesenheit bestimmter Teile des Körpers. Eine der weiteren Möglichkeiten besteht darin, daß Positionswechsel durch die Beine veranlaßt werden.

Ebenfalls genügt als Antrieb schon die bloße Intention, die Spannungen in Richtung auf das Gleichgewichtszentrum verursacht. Diese können vom Empfänger des Befehls oder Gegenbefehls leicht verstanden werden, sofern er hierfür hinreichend sensibel ist.

In Bezug auf die mit den Beinen übermittelten Hinweise und unter Berücksichtigung der grundlegenden Bedeutung, die deren Eindringen in den unteren Raum des anderen hat, muß ich mir ständig des sich bewegenden Fußes bewußt sein, denn normalerweise bildet er die Spitze der Invasion. Der Schuh ist vorne spitz und daher zum Eindringen, d.h. zur Invasion des Raumes besonders geeignet. Wenn ich dies mit der Schuhspitze richtig mache, laufe ich weniger Gefahr anzustoßen. So fällt es auch leichter, weiter und in jegliche Richtung einzudringen. Daraus ergibt sich die Notwendigkeit, in geschlossenen und nicht in offenen Positionen zu tanzen. Ich muß genau wissen, wo und wie mein Fuß sich bewegt und an welcher Stelle des Raums er sich befindet. Normalerweise geben der Mann und die Frau sich durch die Berührung von Füßen und Beinen die allgemeine Richtung vor. Ständig, mit jeder Berührung, markieren sie wechselseitig eine Bahn durch den Raum. Damit diese Berührungen gelingen, ist es unverzichtbar, die Gelenkspannung beizubehalten. Besteht diese nicht, wird man die Beine des anderen nicht finden, so sehr man sie auch sucht. Wenn man nicht mit den Beinen in Berührung ist, spürt man nichts, wird man also weder interpretieren können, was sie einem sagen, noch etwas übermitteln können. Damit wird jedenfalls deutlich, daß die Beine für die räumliche Dimension, die Ausführung der Figuren und das gesamte choreographische Spiel eine entscheidende Rolle übernehmen.

Soeben sprachen wir von den Kontakten, die dem Partner ankündigen, daß sich in der Sphäre seiner Schritte bzw. seines Tanzes das Bein des oder der Anderen befindet. Es gibt jedoch noch andere Hinweise, die über den Kontakt der Beine oder Füße vermittelt werden, aber keine Richtungshinweise geben. Das gilt für die *Barridas* ("Kehren") wie für die *Sacadas* oder *Quites* ("Wegnehmen"), die ansonsten zwei unterschiedliche Konzepte, zwei völlig verschiedene Aktionsweisen darstellen. Die Ankündigung von *Barridas* und *Sacadas* nennen wir aktive Hinweise.

Bei den *Barridas* handelt es sich um beständige Anstöße auf der Ebene der Tanzfläche. Zunächst wird der Kontakt mit dem Fuß des Partners gesucht, und dann wird dieser Fuß in einer unreinen Bewegung mitgenommen, d.h. in einer Bewegung ohne Verlagerung des Körpergewichts. Was wir heute unter der Bezeichnung *Sacada* kennen, wurde ursprünglich als *Quite* bezeichnet, was soviel heißt wie: das Bein mittels Druck von seinem Ort entfernen. Diese Technik vereint zwei Bewegungen in einer oder, anders ausgedrückt, zwei Phasen in ein und derselben Bewegung. Die eine besteht darin, den Kontakt zwischen meinem Fußrücken und dem Fuß der Frau zu suchen, die andere darin, gegen ihren Schuh zu drücken, woraufhin sie ihr Bein wegnimmt. Dieser Druck ist mit einer Art Hebelwirkung auszuüben. Dafür bedarf es eines Auflagepunktes. Diesen Hebelpunkt auf dem Boden bilden die Mittelfußknochen. Kurz: mein Fuß kommt an, nimmt den Kontakt auf, stützt sich ab und wirkt als Hebel. Das Hebeln ist sehr wichtig, da es ohne dieses beim bloßen Kontakt und Druck bleibt - mit dem Ergebnis einer mißlungenen *Sacada*. Es muß auch betont werden, daß aus der *Sacada*, wenn man nicht beide Phasen der Bewegung beachtet, ein jäher und schmerzhafter Fußtritt werden kann.

Neben den beschriebenen tiefen *Sacadas*, die auf der Ebene des Fußes erfolgen, gibt es hohe *Sacadas*, die in der Höhe des Oberschenkels oder der Wade ausgeführt werden. Um nicht hart anzustoßen, suchen wir stets die weichen Zonen des Beins. Das Muskelpaket des Schenkels ist, je nach der Tanzfigur, meistens in seinem ganzen Umfang beteiligt; dann aber auch das der Wade und, wie bereits bemerkt, die konkave Fläche auf dem Fußrücken. Ausschließlich bei Bewegungen direkt auf dem Boden, bei denen der Fuß nicht angehoben wird, kann ich auch die Fußkante verwenden; andernfalls würde ich einen schmerzhaften Stoß gegen eine harte Stelle des Beins riskieren.

Diese Ankündigungen nennen wir aktiv, weil der Hinweis aktiv, nämlich durch Druck oder Hebeln übermittelt wird. Diejenigen hingegen, die lediglich ankündigen, daß mein Bein dorthin gelangen wird, nennen wir passiv.

Einen Sonderfall bilden die *Ganchos* ("Haken"), mit denen aktive und passive Hinweise zugleich vermittelt werden. Diese Technik, bei der der Mann oder die Frau ihre Füße anheben, stellt die jüngste erkennbare Entwicklung des Tango im Laufe der Zeit dar. Erst ab 1950 wurden diese Bewegungen üblich. Vor den 50er Jahren gab es keine Figuren, bei denen die Füße angehoben wurden. Es gab Ausnahmen, aber sie kamen im allgemeinen selten vor. Wenn jemand unabsichtlich seine Sohlen sehen ließ, wurde sogar kommentiert, "man konnte seine Hufeisen sehen". Bei der Ausführung des *Gancho* muß das Bein, das ihn ausführt, folgende Regeln beachten: 1) Der Fuß muß sich in einer Linie mit dem Knie bzw. dem gesamten Bein bewegen, da er sonst den Empfänger stoßen würde. 2) Das Knie soll zum Boden hin geneigt sein. 3) Der Oberschenkel muß den empfangenden Schenkel kreuzen, mit ihm ein Kreuz bilden.

Das Standbein dessen, der den *Gancho* ausführt, darf in keiner Weise gebeugt sein. Das Bein dagegen, das den *Gancho* empfängt, wird angewinkelt, um das Eindringen des anderen Beins zu erleichtern und zugleich die Spannungen und Schwingungen abzufedern, denen die Gleichgewichtsachse des Empfängers ausgesetzt wird. Der Fuß dieses Beins muß sich gekreuzt vor dem Standfuß des den *Gancho* Ausführenden befinden. Schließlich wird das andere Bein des Empfängers eine Achsdrehung vollziehen, um wieder eine geschlossene Position herzustellen.

Wir haben festgestellt, daß die Tanzabläufe des Tango kurvenförmig, rund oder abgerundet sind. Die einzigen geraden Linien, die zum Tango gehören, sind die in den Umkreis, das heißt hier in den "Tanz-Zirkel des Tango" eingeschriebenen Linien. Dies wollen wir erläutern.

Insoweit die Kreislinie des Tango dem von den Knien aus gezogenen Zirkelkreis entspricht, gibt es innerhalb dieses Zirkelkreises gerade Linien, die sich mit dem Tango vertragen. Welche Linien sind das? Es sind der Radius, der Durchmesser und die Sehne. Allein diese drei Linien gehören zum Tango. Die Sehne schneidet die Kreislinie und bildet mit ihr einen Kreisbogen. Der Radius ist die Linie, die vom Kreismittelpunkt zu jedem möglichen Punkt auf der Kreislinie reicht, und der Durchmesser ist die Linie, die zwei Punkte der Kreislinie verbindet und dabei durch den Mittelpunkt verläuft.

TANZ-ZIRKEL

GERADE LINIEN DES TANGO

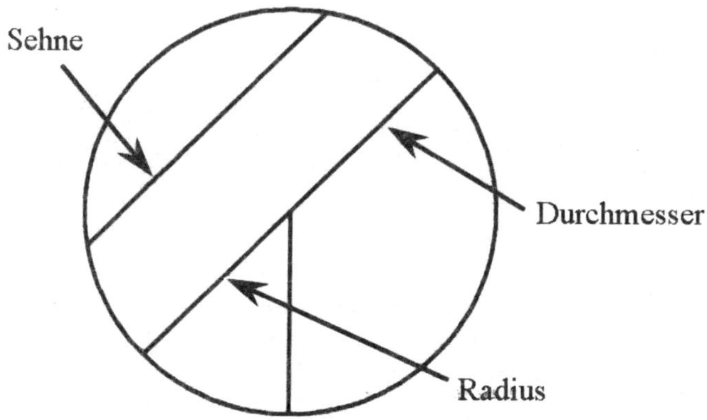

RICHTIG

Eine weitere Linie, die die Kreislinie in einem Punkt berührt, ist die Tangente. Sie gehört jedoch nicht zum Tango. Sie berührt zwar einen Punkt der Kreislinie, verläuft aber außerhalb des Tanz-Zirkels und ist folglich dem Tango fremd. Ebenso kann von jedem Punkt der Kreisfläche aus mit den Beinen eine Gerade gezogen werden, die den Kreis verläßt. Auch sie gehört nicht zum Tango, sie stellt eine unpassende Gerade dar, und sich auf ihr zu bewegen, wäre der Technik des Tanzes unangemessen.

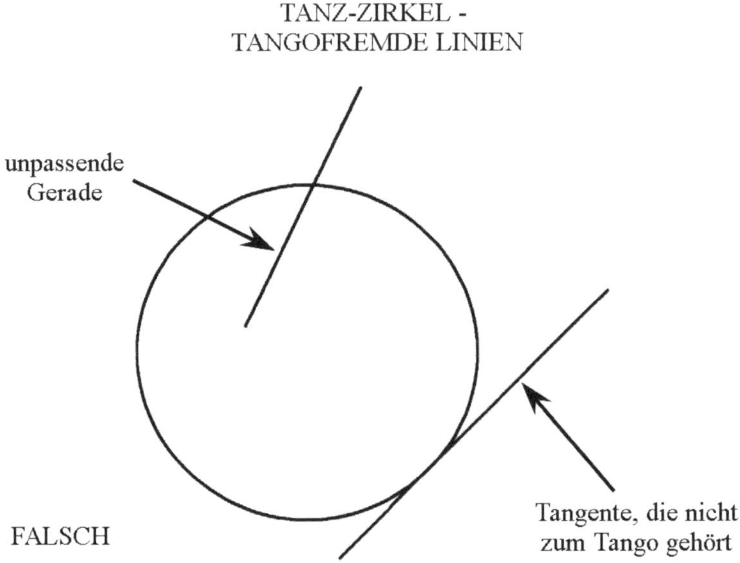

In der Praxis wird deutlich, daß beim technisch einwandfreien Tanzen alle geradlinigen Schritte den Durchmesser, den Radius oder eine Sehne des Zirkelkreises markieren. Wenn wir davon ausgehen, daß die Abläufe des Tango rund, kurvig oder gerundet sind, lassen sich die dem Tango eigenen geraden Linien leicht erkennen. Betrachten wir die folgende Skizze.

IMPROVISATIONS-SCHEMA

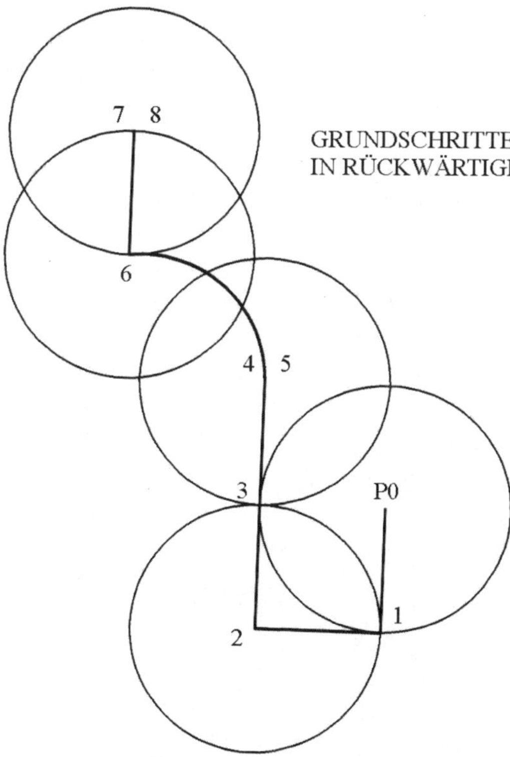

GRUNDSCHRITTE
IN RÜCKWÄRTIGER RICHTUNG

Wenn ich mit dem Fuß eine Tangente ziehe, löse ich mich aus der Paarstruktur, falle oder verliere das Gleichgewicht. Sobald die Linien unserer Schritte die Kreislinie verlassen, beginnen wir schlecht zu tanzen. Die gesamte Technik gerät durcheinander. Wenn ich unpassende Linien ausführe, verliere ich die gesamte Technik des Tango. Ich verliere das organische Element, verstoße gegen die Rundheit, gegen die Natürlichkeit des Tango. Wenn ich diese dagegen innerlich empfinde, wird mein Tanz nicht gerade, sondern natürlich, rund, kurvig oder abgerundet ausfallen.

Der Dialog zwischen den vier Beinen muß in einem einzigen Idiom erfolgen, und zwar dem der geschlossenen Positionen. Die Ausdrucksformen werden aus den Gelenken heraus moduliert. Je nachdem wie ich diese Möglichkeiten nutze, wird meine Bewegung gummiartig, energisch oder flexibel sein. Je nachdem wie ich mein Körpergewicht verlagere und meine Gelenke unterhalb der Taille gebrauche, verleihe ich meinem Ausdruck verschiedene Nuancen. Damit will ich sagen, daß neben den direkten Modifikatoren (Weite, Schnelligkeit, Winkelung) noch andere Bewegungsqualitäten zum Ausdruck kommen, welche die erstgenannten überlagern. Diese Qualitäten bestehen in dem Maße, in dem jede einzelne Bewegung starr oder flexibel, bestimmt oder unbestimmt ist. Beim Tango finden sie sich folgendermaßen zugeordnet:

Unbestimmte und flexible,
bestimmte und starre Bewegungen

Die ersteren verleihen uns katzenhafte, die letzteren roboterartige Bewegungen. Welche gewählt werden, hängt von der Persönlichkeit des Tänzers ab.

Im Hinblick auf den "Tanz-Zirkel", von dem die Rede war, gilt es festzuhalten, daß unsere Knie als Scheitel des Zirkels fungieren müssen, mit dem der Umkreis auf dem Boden markiert und zugleich ein Grundkegel umschrieben wird, auf dem die gesamte Struktur beruht. Die Knie sind der neuralgische Punkt, über den sich alle Techniken entwickeln, die wir in diesem Tanz verwenden. Sie sollten - als Grundregel - stets so nahe wie möglich gehalten werden, um der Technik und Ästhetik des Tango gerecht zu werden.

KAPITEL II

DER DRAMATISCHE APPARAT

Der obere Raum

Das Tango-Paar tanzt, wie gesagt, in einem imaginären Raum, der einem Luft-Zylinder gleicht. Bei allen seinen Figuren und Verbindungen muß es sich innerhalb dieses Zylinders, der es in der Fortbewegung begleitet, halten. Die allgemeine Ästhetik des Tango wird verletzt, sobald irgendein Körperteil die imaginäre Zylinderwand durchbricht.

Der Zylinder umfaßt nicht nur das Paar, sondern ist seinerseits in verschiedene Räume unterteilt. Zunächst sei der Beziehungsraum genannt, der den Zwischenraum, den Abstand zwischen den beiden Körpern bezeichnet und im Hinblick auf die Einheit des tanzenden Paares eine zentrale Rolle spielt. Je nachdem, wie gut oder schlecht ich mit dem gesamten Zylinder- und dem Beziehungsraum umgehe, bewege ich mich mehr oder weniger im Rahmen der allgemeinen Ästhetik des Tango.

Weiterhin wurde festgestellt, daß durch die Teilung des Zylinders auf halber Höhe ein unterer und einen oberer Raum entsteht. Im oberen Raum von der Gürtellinie an aufwärts befindet sich der dramatische Apparat. Dieser dramatische Apparat verleiht dem Paar die Möglichkeit des schauspielerischen Ausdrucks beim Tanzen. Schon die ersten Chronisten des Tango, die uns über die Ursprünge und die Entwicklung des Tanzes informieren, bemerkten, daß es hier irgendetwas jenseits des tänzerischen Geschehens gab.Die Beschreibungen schildern uns die Personen wie von etwas besessen, von einem besonderen Anhauch benommen, während sie den Raum durcheilten. Sie berichten uns, daß die umschlungenen Körper scheinbar nichts mitteilten, weder gestikulierten noch irgendeinen Ausdruck besaßen. Bei näherer Betrachtung entdeckten sie jedoch eine unerhörte Vielzahl von Botschaften und subtilen Gesten zwischen diesen beiden sich umfassenden Oberkörpern.

Somit gelangen wir zu denBesonderheiten, der Umarmung. Sie ist ein weiterer revolutionäre Beitrag des Tango zum universalen Tanz. Mit der Umarmung beim Tanz leitet er eine bis dahin unbekannte Art zu tanzen ein. In der wissenschaftlichen Einteilung der volkstümlichen Paartänze finden wir die deutsche Position, in der sich etwa beim Walzer die Oberkörper gegenüberstehen und durch die Arme miteinander verbunden sind, es aber keine Umarmung gibt, keine Berührung des Rückens der Frau mit der gesamten Armlänge des Mannes.

ÖSTERREICHISCH-DEUTSCHES PAAR

Walzer

Dann die iberische Position, in der sich ebenfalls die Oberkörper einander gegenüber stehen, ein unterscheidendes Detail aber darin besteht, daß es zu einer Berührung der Unterleibe "Bauch gegen Bauch" kommt, so etwa beim Paso Doble.

IBERISCHE HALTUNG

Paso Doble

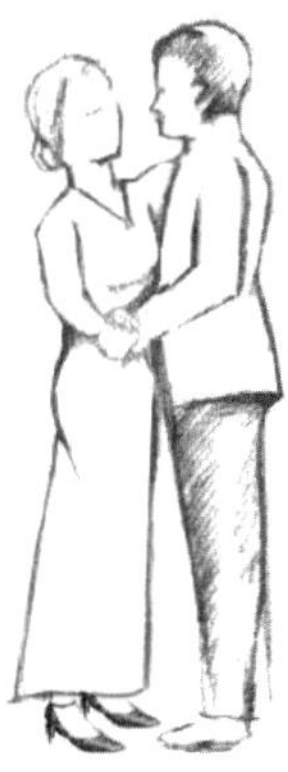

Schließlich die anglo-amerikanische Position, die Haltung "cheek to cheek", Wange an Wange.

ANGLO-AMERIKANISCHE HALTUNG

Fox Trot

In allen drei Fällen stehen sich die Oberkörper gerade und nicht verdreht gegenüber.

Nach dem Tango tauchten in verschiedenen Ländern andere Umarmungstänze auf. Aber die Neuerung, der große Beitrag zur Tanzkultur ging vom Tango aus. Daher dürfen wir die Umarmung niemals aus dem Blick verlieren. Ungeklärt bleibt, ob die Tanztechnik des Tango sich aufgrund der Umarmung entwickelte, oder ob es sich umgekehrt verhielt. Um mit den Beinen all das tun zu können, was zum Tango gehört, mußte das Paar sich umarmen. Ungeachtet dessen, was Anlaß und was Folge ist, entdecken wir in der Umarmung die eine Seite der Wahrheit. Das ganze Spiel der Gelenke und der kombinierten Gelenkbewegungen, die mit den Beinen ausgeführt werden, stellt die andere Seite der Wahrheit dar. Der obere Raum, in dem sich der dramatische Apparat befindet, kennt keine Invasion, er wird geteilt.

DIE HANDHABUNG DER RÄUME

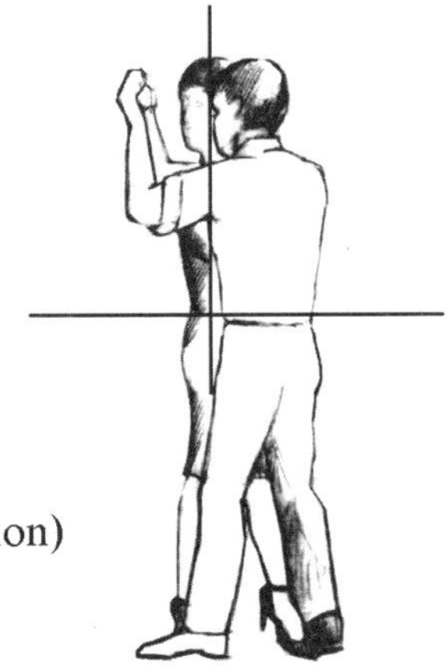

Sobald ich in den Raum eindringe, der dem Gegenüber im Paar zukommt beginnen die technischen Probleme. Die gesamte Ästhetik des Tango geht von dieser Umarmung aus. In ihr drückt sich die Beziehung zwischen den Partnern aus. Die Folklore vermittelt die Vorstellung, diese Beziehung bestehe darin, daß der Mann die Anweisungen gibt und die Frau diese Anweisungen befolgt, was vollkommen falsch ist. Es kommt vielmehr zu eine Wechselbeziehung und nicht zu eine Beziehung, in der Botschaften nur in eine Richtung gesendet werden, nämlich vom Mann zur Frau - mit dem Mann als Sender und der Frau als Empängerin. Eine solche Vorstellung ist falsch. Alle gute Tänzer wissen, daß es nicht so ist.

Für die Gestaltung des Tanzes gibt es viele Wege, je nachdem, wie einer das tänzerische Spiel auffaßt.

Zunächst müssen wir uns vor Augen halten, daß aller Tanz nicht mehr und nicht weniger ist als eine Fortbewegung bzw. eine Vielzahl von Bewegungen, die wir in Zeit und Raum vollführen. Außer dieser tänzerischen Entfaltung im Raum gibt es allerdings beim Tango zwei in einer Umarmung zutiefst vereinte Personen. Und diese zwei in der Umarmung vereinten Personen bilden die Einheit des Paares. Ich kann nun diese Fortbewegung gemäß einer orthodoxen, klassizistischen oder klassischen Position auffassen, d.h. im Sinne der

Vorstellung von einem Monolog des Mannes und dem Zuhören, dem Entsprechen und der unterwürfigen Haltung einer passiven Frau - so wie die Situation herkömmlicherweise beschrieben wird. Diese Auffassung ist in der Gewohnheit wie auch in der mündlichen und schriftlichen Überlieferung tief verwurzelt, aber falsch. Trotzdem ist es das, was die Mehrheit beim Tango wahrnimmt. Aus diesem Widerspruch resultiert eine oft zu beobachtende Überzeichnung der Rollen. Was bedeutet das? Die Rollen sind zwar durch eine Reihe von Elementen bis hin zu den anatomischen Unterschieden durchaus klar definiert; aber wir alle wissen von unserer eigenen inneren Dualität. Diese Dualität besteht in der femininen und der maskulinen Seite, die wir alle in uns tragen. Die Tanzpartner werden nun also versuchen, sich im Sinne ihrer jeweils definierten Rolle perfekt zu verhalten, und dazu neigen, sie zu übertreiben, um zu zeigen und keinen Zweifel daran zu lassen, wer wer ist; und so werden sie in Irrtümer verfallen.

Mit anderen Worten neigt der Mann dazu, seine Körperkraft zu nutzen, um gegenüber der Frau eindeutig klar zu machen, daß er der Mann ist. Und viele Frauen werden in der passiven Haltung ausruhen, die dem klassischen Frauenbild entspricht. Dies ist die traditionelle Rollenvorstellung, aber das falsche Rollenspiel. Der gute Tango-Tänzer versteht das tänzerische Spiel als Dialog zwischen einem Mann und einer Frau und verwandelt die Vereinigung im Paar nicht in ein Verhältnis, in dem einer befiehlt und der andere gehorcht, sondern in eine Verbindung zweier gleichberechtigter Partner. Wir sprechen immerzu vom Paar, sehen die Partner aber nicht als gleichberechtigt, besser gesagt: die herkömmliche Auffassung sieht sie nicht als solche. Diejenigen, die den Tango als einen Monolog verstehen, gehen von der Ungleichheit der Partner aus. Das mag lächerlich klingen, ist aber genau die Vorstellung. Wer dagegen den Tango-Tanz als Dialog auffaßt, nimmt die Vereinigung als Verbindung von zwei Gleichen in einer Gesprächssituation wahr. Er sieht das tänzerische Spiel als Dialog, als einen ebensolchen Dialog, wie er beim Sprechen entsteht. Vielleicht stellt der Tango neben dem Gespräch überhaupt die einzige andere wirklich improvisierte Tätigkeit dar. In diesem Sinne spreche ich von Monolog bzw. Dialog. Im Dialog wird improvisiert. Mit den erlernten phonetischen Elementen improvisiere ich meine Sätze in der Absicht, eine Antwort zu geben oder einen neuen Gedanken einzubringen. Dabei kann ich keine vorgefertigten Sätze benutzen.Wenn ich mir den Satz zurechtlege "das Brot ist hart", und schon dabei bin, ihn auszusprechen, während die andere Person mich fragt "schöner Tag, was?", und ich antworte tatsächlich "das Brot ist hart", dann kann ich offensichtlich das Gespräch nicht fortsetzen, weil mein

Dialog inkoherent geworden ist. Ebenso verhält es sich mit der Antwort des Mannes bei einigen Tanzschritten, wenn er nichts anderes akzeptiert bzw. antwortet als den zuvor gebildeten Satz. Wer sagt, er improvisiere die Reihenfolge der tänzerischen Figuren, aber keine Alternative zuläßt und seine auswendig gelernte Idee durchsetzt, improvisiert eigentlich gar nicht. Ziehen wir erneut die Parallele zum Sprechen, ich improvisiere im Laufe des Gesprächs ebenso wie beim Tangotanzen. Ich kann mich nicht darauf versteifen, daß das Brot hart ist. Ich muß improvisieren, muß die Aussage, die ich nicht erwartet hatte, verstehen und einen neuen Satz aus Bewegungen bilden. Improvisieren werde ich mit Hilfe meiner Fähigkeit zu senden und zu empfangen, je nach den gegebenen räumlichen Umständen, den Impulsen, den Schritten oder der Verlagerung des Körpergewichts. Improvisieren bedeutet, sich unmittelbar mit der Freiheit zu konfrontieren. Sofern ich den Tanz als Gespräch verstehe, werde ich niemals darauf beharren zu sagen, "das Brot ist hart". Das heißt: wenn sich die Frau rechts von mir entfernt, werde ich dem entsprechende Bewegungen nach rechts machen. Der traditionellen, orthodoxen Auffassung gemäß würde ich dagegen mit der Hand nach ihr greifen und sie zurückholen, damit sie für mich eine Acht vollführt und so das Problem löst. Wie sehr dies zutrifft, zeigt die übliche Äußerung von Männern über Frauen, die sich nicht fügen, daß sie "schlecht tanzen". Sollte eine Frau sich unterstehen, eine neue Bewegung zu machen, eine nicht erwartete Situation zu schaffen, also gewissermaßen zu sprechen, einen Dialog zu versuchen und sich um die Darstellung ihrer Empfindungen bei der Musik zu bemühen, so wird sie vom Mann daran gehindert, wenn dieser den Tanz mit der Haltung eines Senders von Monologen angeht. Wenn Männer sich über den Tango äußern, sagen sie gewöhnlich, daß "diese gewaltige Empfindung, die sie beim Tango haben", sie mitreißt und zutiefst bewegt. Frauen geschieht das gleiche, sie haben alle diese Empfindungen, können sie aber nicht kreativ gestalten. Bedauerlicherweise rebellieren nicht alle Frauen gegen die ihnen mit der "Gehorsamspflicht" auferlegte Passivität, und es gibt wenige, die etwa sagen: "Auch wenn ihr mich hindert, werde ich um meinen Ausdruck kämpfen und andere Mittel finden, ihn zu erreichen: ich werde mir einen Mann suchen, mit dem ich tanzen kann." Dies ist eine ganz andere Haltung als folgende: "Ich werde alle Anweisungen und jeden einzelnen Vorschlag befolgen. Meine Geschicklichkeit wird darin bestehen, sie genauestens zu erfüllen. Und meine Unterwürfigkeit wird die Gestaltung meines Tanzes bestimmen."

In den Anfängen des Tango kann es diese weibliche Passivität kaum gegeben haben, denn insofern der Tanz zunächst aus reiner Improvisation bestand, wäre er mit nur einem aktiven Partner nicht gelungen .

Daher ist anzunehmen, daß die Passivität der Frau erst später mit der Orthodoxie eintrat, also erhebliche Zeit nach der ursprünglichen Situation eines Zwiegesprächs beim Tango-Tanz.

Im Dialog werden Hinweise zwischen den beiden Partnern ausgetauscht. Beim Sprechen verwenden wir zur Verständigung eine Vielzahl von Codes. Wir sagen ja, wir sagen nein, komm, setz dich, steh auf, geh usw. Ebenso verfügen wir über eine Menge von Bewegungen, die ebenso wie die Worte Codes sind und das Sprechen ersetzen können. Vielerlei Dinge drücken wir mit Gesten aus, die bisweilen viel mehr besagen als Worte. Man muß sich ihrer nur bewußt sein und muß von der Phonetik, vom Ton zur Bewegung übergehen, d.h. die Interpretation vom einen auf den anderen Bereich verlagern, wie wenn man die Frequenz des Radios verstellt.

Normalerweise kann man mit einem anderen nicht sprechen, wenn der nicht zuhören kann. In der Regel ist es der Mann, der nicht zuzuhören versteht, weil er sich aus seiner Männer-Einstellung heraus bzw. aus seiner offenkundigen Unsicherheit, seine Rolle nicht gut zu spielen, das Monologisieren angewöhnt hat. Wenn der Mann zuzuhören weiß, ist der Dialog einfach. Und wenn die Frau, die ja gewohnt ist zuzuhören, sich mit Bewegungen auszudrücken lernt, wird der Dialog noch leichter fallen. Wir betrachten ihn also aus beiden Blickwinkeln, dem der Frau und dem des Mannes.Es erübrigt sich festzustellen, daß man eine korrekte Haltung einnehmen muß, um die Fähigkeit entwickeln zu können, Hinweise zu geben und wahrzunehmen. Denn bei fehlerhafter Haltung beeinträchtigen wir diese Fähigkeit zu senden und zu empfangen. Es ist das gleiche wie bei einem Fernsehgerät. Wenn ich einen erstklassigen Fernseher kaufe und ihn nicht an die Antenne anschließe, wird er nicht funktionieren. Alle Elemente müssen zusammenkommen. Wenn ich andererseits senden will, nützt mir der Kauf eines reinen Empfangsgerätes nichts; dann muß ich vielmehr für beide Funktionen ein Empfangs- und Sendegerät erwerben. Die Frauen sind im allgemeinen wie die Fernsehgeräte: sie empfangen perfekt und geben das Bild perfekt wieder, aber sie bleiben Fernsehempfänger, sind unfähig, etwas anderes zu tun als zu empfangen. Der Mann dagegen wird zum Fernsehstudio, er sendet und sendet und empfängt nichts. Er weiß nicht einmal, ob seine Botschaften gut verstanden werden. Dennoch fährt er mit seiner Programmgestaltung fort. Um die Doppelfunktion von Sendern und Empfängern zu erreichen, müssen die Partner logischerweise die hierfür erforderliche Verbindung richtig herstellen. Nur so wird ihnen die korrekte Tanzhaltung gelingen, die als "Umarmungsposition" bekannt ist. Das ist die Position, die vom Tango eingeführt wurde und mit der eine neue Kategorie volkstümlicher Paartänze entstand, nämlich die zuvor unbekannten Umarmungstänze. Hierin besteht der Beitrag des Tango zur universalen Tanzkunst. Es scheint uns wichtig, die große Bedeutung dieses innovativen Ereignisses hervorzuheben. Nicht alle Völker vermochten auf die Höhe ihrer Zeit zu gelangen, nicht einmal in den trivialsten Aspekten der Kultur.

Es gilt zu begreifen, daß der Tango eine neue Art zu tanzen geschaffen hat, was für seine Zeit einem Sprung ins Ungewisse gleichkam. Durch ihn wurde in der westlichen Tanz- Kultur eine neue Richtung geprägt. In diesen Zusammenhang gehören auch die folgenden Fragen nach der Bedeutung des Tanzes in einer Kultur: Warum wurde in allen Kulturen getanzt? Wieso nimmt der Tanz sogar in den entwickelteren Ländern weiterhin eine hervorragende Stellung ein? Inwieweit entspricht die in Tanz verwandelte rhythmische Bewegung unseren ursprünglichsten Instinkten?

Tatsache ist jedenfalls, daß der Tango hinsichtlich der Haltung und Beziehung zwischen den Partnern eine neuartige tänzerische Konzeption einführt - die Vereinigung von Mann und Frau in der Position der Umarmung.

Also müssen wir uns die Frage stellen: Wie ist die korrekte Umarmungs-Position in der Ausgangsstellung? Nehmen wir in ihr eine andere Haltung ein als später? Nein, nur möchten wir in der Ausgangsstellung einen räumlichen und einen Beziehungsaspekt unterscheiden. Bei der Ausgangsstellung handelt es sich um die Position, die das Paar einnimmt, bevor es sich fortbewegt, dabei aber doch bereits tanzt. Denn da beim Tango der Modus und nicht die Form entscheidend ist, tanzt das Paar bereits in den Augenblicken vor den ersten Schritten. Kein guter Tänzer wirft sich mit dem ersten Takt in die Bahn, er wartet statt dessen, bis ein musikalischer Impuls ihn dazu anregt sich zu bewegen. Während dieser Sekunden des Abwartens "tastet er sich an den Tango heran" und stellt die Körperbeziehung mit dem Partner her.

Kehren wir also zu der Frage zurück: Wie soll die Umarmung sein?

Die Haltung der Oberkörper sieht folgendermaßen aus: Die Frau steht gerade, und durch eine leichte Oberkörperdrehung des Mannes entsteht ein Winkel von 45° zwischen den beiden Oberkörpern. Der Beziehungsraum beginnt, wie erwähnt, am Boden und steigt bis zur Oberkante des Zylinders an. Er darf in keiner Hinsicht seine Form verändern, muß unveränderlich bleiben. Es sei daran erinnert, daß der obere Raum von beiden geteilt wird, während man umgekehrt in den unteren Raum eindringt. Für die Beibehaltung der Form dieses Beziehungsraums spielen die Arme eine grundlegende Rolle. Sie sind die Hauptverbindungselemente in dieser Konfiguration und bilden das, was ich den oberen horizontalen Kreisbogen nenne, welcher auf der Höhe der Schulterblätter des Paares entsteht. Der linke Arm des Mannes wird im rechten Winkel (Ellenbogen) auf der geöffneten Seite des Paares gehalten, mit der Hand in Augenhöhe des Tänzers, sein Ellbogen darf die Höhe der Schulterlinie nicht übersteigen. Dieser Arm wird nicht gebeugt, er folgt während des Tanzes der Bewegung des Oberkörpers. Er dient als Auslöser, der Hinweise für die Fortbewegung im Raum gibt:er zeigt an, wohin ich gehe, aber nicht was ich mache. Die linke Hand des Mannes hält die der Frau und schließt damit die Umarmung. Diese linke Hand weist in die gleiche Richtung wie der Unterarm, das heißt das Handgelenk ist nicht angewinkelt, sondern behält die gleiche Richtung. Die Handfläche ist nach innen gewandt, da sie so die bequemste Auflagefläche für die ausgestreckte Hand der Frau bietet. Man soll dabei die Hand nicht wie ein Tablett hinhalten, aber auch nicht an der Hand der Dame ziehen, sondern diese in der eigenen bergen. Diese beiden Hände, die sich in einem bestimmten Punkt im Raum fassen, stehen in einem besonderen Verhältnis zu den Oberkörpern: Teilt man das Paar in der Mitte (Winkelhalbierende des 45-Grad-Winkels, der von den Schulterlinien gebildet wird), dann befinden sich die beiden Hände auf der Seite des Mannes und niemals auf der der Frau.

Der rechte Arm des Mannes umfängt den Rücken der Frau etwas oberhalb der Taille -in jenem Abschnitt zwischen Schulterblättern und Gürtellinie, der etwa 5 Zentimeter über dem fünften Lendenwirbel liegt. Er darf weder tiefer noch höher aufliegen, da dies zu einer unkorrekten Tanzhaltung und damit zu unerwünschten Effekten auf die Paarbeziehung führen würde. Wird der Arm nach oben zu den Schulterblättern verlagert, würden die Hüften der Frau, die einen Ausgleich ihrer Gleichgewichtsachse sucht, nach hinten schwingen. Sinkt der Arm zur Gürtellinie ab, würde er alle Drehbewegungen hemmen und damit große Schwierigkeiten in der gesamten Abfolge von Figuren erzeugen. Die Hand soll natürlich über der Taille liegen und diese nicht "fassen", wie es sichtlich viele Männer tun, die am Kleid der Frau zerren, als ob sie an einem Griff festgewachsen wären. Im übrigen soll sie in der Mitte des Rückens bleiben und sich nicht zur Seite verschieben. Diese Hand liegt auf dem Rücken mit zusammengehaltenen, waagerechten Fingern auf; nicht korrekt ist es, wenn diese nach unten oder nach oben weisen. Die Schultern ruhen in natürlicher Stellung, weder nach vorne noch nach hinten gezogen.

Der linke Arm der Frau liegt vom Ellbogen bis zum Hals des Mannes auf. So aufgestützt, spannt der Arm einen Bogen, ohne den Ellbogen zu blockieren und ohne die Mittellinie zu überschreiten, als ob vom Ellbogen imaginäre Linien ausgingen, die ins Unendliche weisen, nicht nach oben und nicht nach unten, sondern zum Horizont. Die Hand ist wiederum entspannt und nicht verkrampft oder klammernd. Oft erwecken Frauen den Eindruck, als ob sie am Tänzer "hängen". Dieser Fehler deutet auf eine gezwungene Haltung hin und verrät ein Problem beim Tanzen, das verschiedene Ursachen haben kann, uns aber in jedem Fall anzeigt, daß die Frau sich bei diesem Tango nicht wohl fühlt.

Der Kopf des Tango-Paares hat eine eigene Art von Bewegungen, grundsätzlich halten beide, der Mann sogar fast ausschließlich, den Kopf in einem harmonischen Verhältnis zum Oberkörper, und zwar im allgemeinen genau geradeaus gerichtet mit dem Kinn in Richtung Brustbein deutend. Der Kopf der Frau dagegen blickt, von ihrem Oberkörper aus gesehen, zur rechten Seite; in beiden Fällen weist somit der Kopf zur offenen Seite des Tanzpaares, zu der Seite, wo sich die Hände fassen. Anscheinend meint alle Welt, daß der Mann seinen Kopf gedreht hält; aber gedreht ist nicht der Kopf, eine Drehung macht vielmehr der Körper und mit ihm in direkter Verbindung der Kopf. Gedreht ist dagegen der Kopf der Frau. Auf jeden Fall bilden beide Köpfe samt ihren eigenen physischen Strukturen eine Harmonie, woraus folgt: Der Kopf bewegt sich niemals unabhängig von der Bewegung. Aber welcher Bewegung? Nicht der individuellen Bewegung, sondern der Fortbewegung des Paares. Der Kopf blickt auf den möglichen zu durchschreitenden Raum. Dabei hat er die Möglichkeit zu einigen Bewegungen, die in seiner eigenen Drehung bestehen, die aber niemals über die Grenze des Gegenüber im Tanzpaar hinausgehen, d.h. die Partner blicken niemals zur geschlossenen Seite. In den verschiedenen Epochen des Tango gab es Varianten zu dieser Position. In der zweiten Epoche (1890-1920), als der Tango größere Bedeutung erlangte, tanzte man in vornüber geneigter Haltung. Der Kopf war dabei der Auflagepunkt. Diese Funktion hatte er weder zuvor noch später. Diese Verbindung erzeugte tatsächlich einen Rundbogen, in dem sich alle Spannungen entluden. In den folgenden

Jahrzehnten blickte - in den Salons unter europäischem Einfluß - der Kopf der Frau auf etwas hinter dem Mann Befindliches, was auf Fotos aus dieser Zeit klar zu erkennen ist. Ebenso treffen wir eine Position an, die eigentlich etwas von einer Schaustellung hat, und zwar Kopf an Kopf zu tanzen und dabei die Hände loszulassen. Aber wer immer Tango getanzt hat, der gute Tango-Tänzer, trug den Kopf in einem harmonischen Verhältnis zu seinem Oberkörper und wies so den zu durchschreitenden Weg. Es ist interessant zu beobachten, daß der Kopf auch heutzutage einen Punkt der wechselseitigen Verbindung, der Beziehung bildet. Ein Paar, das heute wirklich umarmt tanzt, hat einen Punkt der Verbindung in den Köpfen, nämlich in den Scheitelbeinen.

DIE SCHEITELBEINE UND DIE KINNLINIE

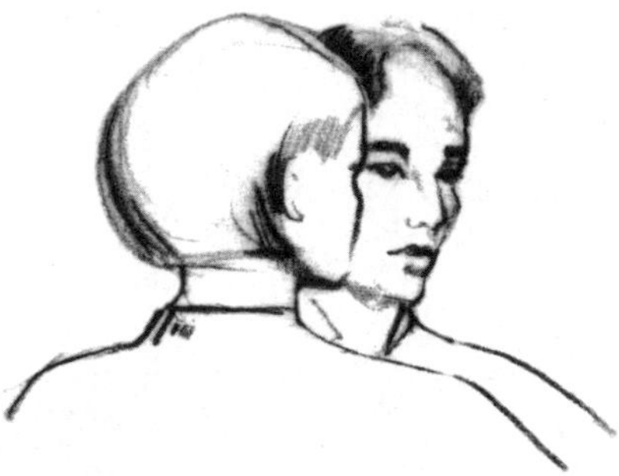

Man beachte, daß es die Scheitel- und nicht die Stirnbeine sind, die sich anlehnen. Viele vertun sich und lehnen die Stirnbein aneinander, was falsch ist. Im allgemeinen entsteht diese fehlerhafte Plazierung durch den Wunsch nach unten, auf die Beine, spähen zu können .Halten wir also fest: was angelehnt wird, ist das Scheitelbein. Dieser Verbindungspunkt vermag - je nach der Figur oder Bewegung, die gemacht wird - einige Spannungen abzuleiten. Heutzutage hat sich der Rundbogen zur rechten Achsel des Mannes bzw. zur linken der Frau verlagert, das heißt zur geschlossenen Seite des Paares, wodurch der gleiche Effekt erzielt wird, aber in der Weise, daß die Körper beim Tanzen ihre aufrechte und elegante Haltung bewahren. Wenn gleichwohl an diesem Verbindungspunkt der Köpfe eine gewisse Art von Druck ausgeübt wird, haben wir es mit dem gleichen Spiel wie vormals zu tun. Der Unterschied besteht darin, daß damals, als das Paar vornüber geneigt tanzte, der Kopf die natürliche Verbindung des Rundbogens war.

Bei der Mehrheit der Tänze steht die Kinnlinie, also der gerade Teil des Kiefers normalerweise parallel zum Boden und weist zum Horizont. Die Technik des Schultanzes verlangt es so. Beim Tango dagegen ist die Kinnlinie Richtung Brustbein geneigt und läßt dabei eine Absicht in Bezug auf den Körper der anderen Person erkennen.

RUNDBOGEN

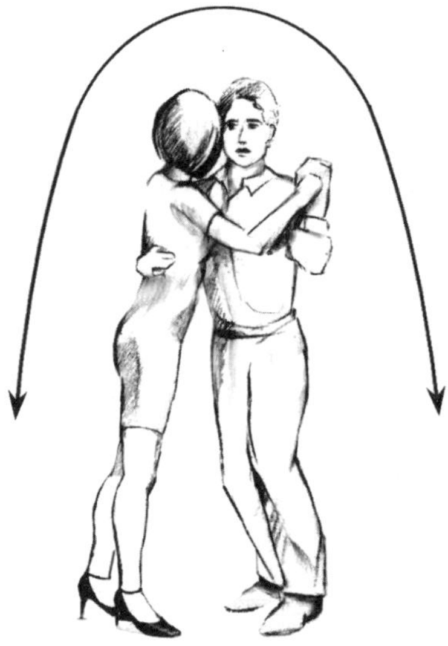

RUNDBOGEN

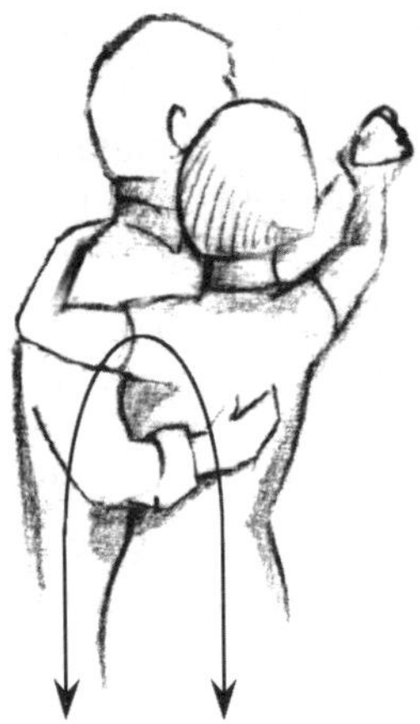

Bei dieser Haltung bildet die Kinnlinie bereits einen Teil der Gestik des Tango. Mit dem Gesicht und auch dem Kopf machen wir eine Vielzahl von Gesten; schon deren kleinste haben eine große Bedeutung für die Annahme oder Ablehnung irgendwelcher Umstände. Für den Menschen des Tango, für das Ritual des Tango, war die korrekte Haltung des Kopfes, wie gesagt, mit der Kinnlinie auf das Brustbein gerichtet, aber die Absicht zielte auf den Körper der anderen Person. Der Kopf sollte sich unter keinen Umständen vertikal bewegen. Die einzig mögliche Bewegung oder Gestik, die als Signal zu verstehen war die gleiche Paarbeziehung fortführen zu wollen, war eine horizontale Veränderung der Kinnlinie. Jede andere Geste konnte als Wunsch interpretiert werden, nicht weiter zu tanzen, die Neigung nach unten beispielsweise als Akzeptierung einer Person außerhalb des Paares, d.h. aus dem Publikum; oder im umgekehrten Falle eine Neigung nach oben als Aufforderung an diesen Dritten für später. Ein etwas stärkeres Senken des Kopfes wurde hingegen als Ergebenheit interpretiert.

Innerhalb der Gestik ist der Blick ein anderes der Grundelemente. Wie ist dieser Blick? Der Tangoblick ist ein besonderer Blick, und insofern der Porteño, d.h. der typische Einwohner der Stadt Buenos Aires, der Vermittler des Ausdrucks Tango ist, hat er einen besonderen Blick. Es gibt eine Art wie der Mann und eine andere wie die Frau beim Tango blicken. Die Grundregel ist zunächst, sagen wir, daß nicht mit der Nase angezeigt wird, worauf man blickt. Man benutzt die Drehung der Augen um zu sehen, was man wünscht.

Andererseits hat sich in der volkstümlichen Überlieferung die Meinung erhalten, daß die Männer und Frauen den Tango mit geschlossenen Augen tanzten. Meiner Ansicht nach haben die, die eine solche Beobachtung schriftlich überliefert haben, niemals Tango getanzt. Vielmehr neigte der Mann dazu, um sein Ziel nicht mit der Nase anzugeben und aus dem Wunsch, sich korrekt zu verhalten, auf den Boden zu blicken, d.h. die Augen nach unten zu richten. Wer dies einmal versucht, wird dabei die Augenlider halb schließen. Wenn ich an einem Tisch sitze, die Leute beim Tanzen beobachte und deren Lider gesenkt sehe, werde ich denken, daß sie die Augen geschlossen haben, und nicht, daß sie nach unten spähen. Dem Anschein des Tanzens mit geschlossenen Augen ist also kaum zu glauben. Außerdem würde ich mit geschlossenen Augen sicherlich alle Welt anrempeln. Allenfalls kann es bei jenen Frauen, die sich sehr auf die Führung des Tänzers verlassen und die einen gewissen Grad von Ergebenheit zeigen, was zur Orthodoxie gehört, dazu kommen, daß sie die Augen schließen.

Daneben gibt es auch jene, die sich in der Umarmung sicher und aufgehoben fühlen und beim Vergnügen der Bewegung aus einer tiefen Empfindung die Augen schließen, um den Genuß zu steigern.Daher stammt der Ausdruck, "sie wie im Schlaf führen", um einen guten Tangotänzer zu charakterisieren. Die Technik, nicht mit der Nase auf das betrachtete Objekt bzw. einen bestimmten Punkt im Raum zu weisen, rührt von der Übung im Kampf mit blanken Waffen her. Auf der Grenze zwischen Gewalt und Spiel begegnen wir andererseits dem berühmten Visteo ("Schaukampf"), der am Anfang des Jahrhunderts unter den Bewohnern der Vorstädte üblich war, wie wir es weiter unten beschreiben werden.

Betrachten wir erneut den Ausdruck "sie wie im Schlaf führen", gleichsam wie ein Baby, so können wir einige Schlüsse ziehen: Erstens sind die Körper so vereint, wie wenn man ein Kind auf den Arm nimmt. Ein anderes Lob für ein Tanzpaar war in diesem Zusammenhang auch die Feststellung, daß beide "eine Figur aus einem Guß" bildeten. Zweitens ist die Position der Umarmung in der Fortbewegung präsent, so schwierig deren Ausführung auch sein mag. Einigen wir uns darauf, daß sehr häufig eine korrekte Umarmungsposition in der Ausgangsstellung zu beobachten ist, daß sie aber während der Fortbewegung, hauptsächlich in der Abfolge von Figuren, verloren geht. Drittens handelt es sich um eine Verbindung von etwas, was jenseits des Mechanischen liegt. Es ist das, was wir als oberen Kreisbogen identifizieren, nämlich die Anwesenheit von Spannungen zwischen den Partnern, die eine Wechselbeziehung unabhängig von der Muskelkraft herstellen.

Wir stellen also fest, daß die Frau mit ihrer rechten Hand Druck auf den Mann ausübt und dieser mit gleicher Intensität antwortet, bis beide eine gemeinsame Ausgangsposition finden. Mit ihrem linken Arm, mit dem sie den Mann hält, übt die Frau Druck in Richtung auf sich bzw. die Mitte des Paares aus, was vom rechten Arm des Mannes beantwortet wird, bis eine weitere Gleichgewichtsbeziehung gefunden ist. So können wir ein Zusammenspiel von Spannungen im oberen horizontalen Kreisbogen festgestellt, der sich wie folgt zusammensetzt: Ausgehend von der rechten Hand der Frau, die in der sie umfassenden linken Hand des Mannes ruht, setzt er sich fort über denselben Arm des Mannes bis hin zu seinem Schulterbogen und überträgt sich von dort auf die linke Hand der Frau, die sich hier aufstützt. Über deren Arm führt er weiter zu ihrem Schulterbogen, der ihn über den rechten Arm auf ihre Hand überträgt, womit der Kreis erneut beginnt.

OBERER HORIZONTALER KREISBOGEN

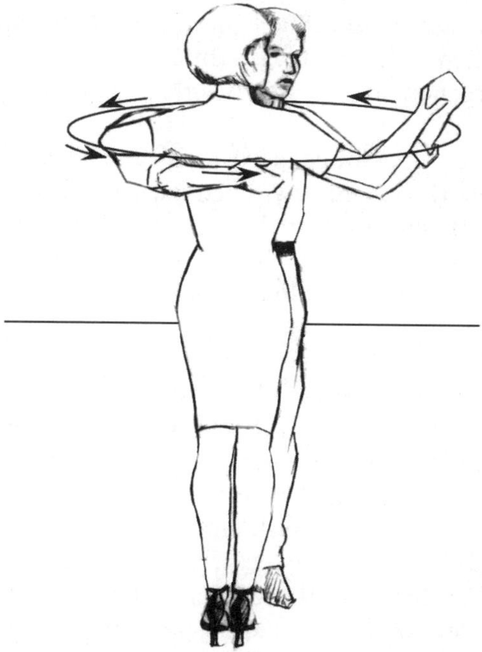

OBERER HORIZONTALER KREISBOGEN
(von oben gesehen)

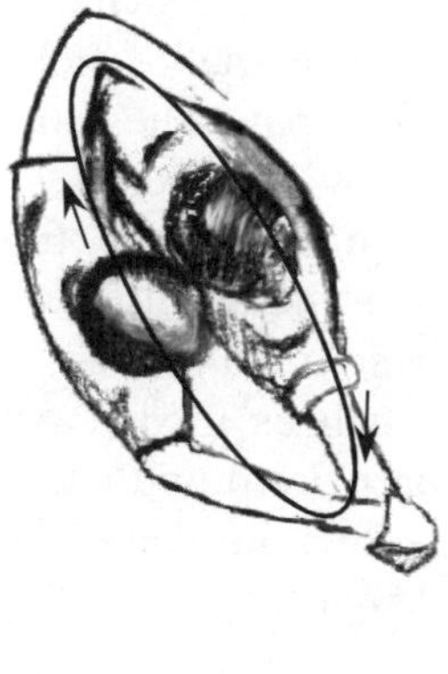

Diesen oberen horizontalen Kreisbogen mit seinen Hauptverbindungs-Elementen, den Armen, darf ich niemals verlieren. Um die Frau zu umarmen, müssen meine Arme "im Spiel" sein. Das betone ich hier nicht nur nebenbei. Tatsächlich müssen wir diesem Spiel im oberen Raum und dem, was mit den Oberkörpern geschieht, allergrößte Bedeutung beimessen: hier liegt - das sei noch einmal hervorgehoben - eine der Wahrheiten des Tango.

Außer der korrekten Umarmungs-Position und den in ihr aufgefangenen Spannungen ist die Beziehung zwischen diesen beiden Körpern, die in die Umarmung eingehüllt sind, zu berücksichtigen. Hier kommt es zu dem, was ich Verschränkung nenne. Mehr noch als umarmt, ist das Paar ineinander verschränkt. Dem visuellen Eindruck nach scheinen die Partner aneinander zu"kleben".

Das ist wie bei den Brettchen des Parketts: von ferne betrachtet, scheinen sie zusammenzuliegen, eins neben dem anderen. Wenn man sie jedoch auseinandernimmt, entdeckt man, daß das eine Holz eine Vertiefung (Nut) und das andere einen Vorsprung (Feder) hat, die sich ineinander fügen, so daß sich ein Brettchen mit dem anderen verschränkt.

Beide Körper sind in ihrer jeweils definierten Rolle des Mannes bzw. der Frau mit der Perfektion der Natur aneinander gekoppelt. Eine Fülle von Quellen und Dokumenten führt uns zu der Gewißheit, daß zu Beginn des Jahrhunderts in allen Salons normalerweise mit eng aneinander geschmiegten Körpern getanzt wurde. Aufgabe der sogenannten Bastoneros (Tanzmeister) war es, die folgenden Tänze, jeweils in einer bestimmten Zahl von Wiederholungen, anzukündigen. Mit jedem Tanz änderte sich der Abstand und d.h. die Beziehung zwischen den Partnern, und man mußte sich unbedingt an diese Tanzregeln halten. Mit dem Tango entfiel später die Notwendigkeit, die weitere Abfolge der Tänze zu erfahren, aber die Tradition des Bastonero blieb erhalten. Wenn dieser die jeweiligen Rhythmen ankündigte, fügte er gelegentlich hinzu: "Meine Damen und Herren, schaffen Sie Licht", was als Aufforderung galt, einen Abstand zwischen den Partnern zu bilden, Licht zwischen ihnen hindurch scheinen zu lassen. So geschah es in den Anfängen, als es die Technik des Tango schon gab, man in ihrer Form und nach ihrem Modus aber verschiedene Rhythmen tanzte, bevor sie später auf den eigentlichen Tango beschränkt wurde (siehe Kap.5: Epochen des Tango).

Ausgehend von jener hinreichend belegten Forderung nach "Licht" können wir im Umkehrschluß leicht folgern, daß der Tango ursprünglich Körper an Körper getanzt wurde. Um "Licht" wurde gebeten, weil es dieses nach dem neuen Trend eigentlich nicht gab. Die Haltung der Oberkörper wurde zwar im Laufe der verschiedenen Epochen modifiziert, aber es besteht gar kein Zweifel daran, daß während seiner ganzen Entwicklung die Körper stets eng aneinander geschmiegt waren.

Der Mann muß von den Rundungen des weiblichen Körpers ausgehend seinen Körper in diese einpassen. Zwischen Mann und Frau stellt sich eine anatomische Fügung, ein perfekter Sitz her. Die rechte Brust des Mannes liegt zwischen den Brüsten der Frau, dort, wo sich das Brustbein befindet. Er muß sie nicht unbedingt berühren, kann sogar einen gewissen Abstand wahren, und doch bleibt er eng mit ihr verbunden. Zu den bisher beschriebenen Beziehungsaspekten kommt die "Muldenform" hinzu. Der Arm, der den Rücken der Frau umfängt, wird im Ellbogen so angewinkelt, daß die Frau in die Muldenform eingefaßt wird. Vergessen wir also nicht, daß bei der Umarmung verschiedene Elemente eine Rolle spielen, nämlich 1) der obere horizontale Kreisbogen, 2) die Verschränkung und 3) die Muldenform. Der obere horizontale Kreisbogen besteht aus dem zuvor erläuterten Spannungskreis. Die Verschränkung bezeichnet das Verhältnis der umarmten Oberkörper unterhalb dieses Kreises. Und die Muldenform ist der Halt, den der Mann - außerhalb und unterhalb jenes Kreises - dem Oberkörper der Frau bietet.

Das generelle Konzept der Umarmung unterteilt sich also in diese drei Aspekte, die sich ergänzen und gemeinsam wirken. Bei der anatomischen Verschränkung bildet der Mann mit seinem Oberkörper einen 45°-Winkel zu dem der Frau, während seine Hüfte paralell zu der ihrer steht und seine Füße zwischen ihre Füße geschoben sind. Korrekte Gelenkspannung in den Knien vorausgesetzt, spürt er so bereits den ganzen Körper der Frau. Er braucht nur ein wenig seinen Kopf zu bewegen, um den Kopf des Anderen , dessen Oberkörper, dessen Beine wahrzunehmen, d.h. die Empfindung des gesammten Körpers zu haben. Insofern sich ihre Höhlungen und Rundungen richtig ineinander fügen , befinden sich die Partner, die man aneinander geschmiegt sieht, tatsächlich einer im anderen. Wenn der Mann in dieser Position seinen Oberkörper um seine vertikale Achse dreht, kann er seinen Schritt lenken, wohin er wünscht; die Frau wird sich drehen und sich mit ihm fortbewegen, da sie ja anatomisch mit ihm verschränkt ist. Dabei wird nichts erzwungen. Die Verschränkung beinhaltet mithin mehr als bloßes Zusammensein: danach kann sich der Mann entfernen, um bestimmte Figuren auszuführen, oder die Partnerin sich von ihm entfernen, aber die anatomischen Beziehungen der Umarmung müssen die gleichen bleiben.In der Verschränkung findet eine so innige Verbindung mit dem Körper des anderen statt, daß nicht mehr allein mechanische und muskuläre Vorgänge wahrnehmbar werden, sondern auch immaterielle Botschaften, etwa eine Absicht. Durch die Nervenspannung unserer Muskeln können wir ein "jetzt", ein "so", ein "hier entlang" übermitteln. Zu den wunderbaren Eigenheiten des Tango als Tanz gehört seine Sinnlichkeit, diese Wachheit des ganzen Körpers, von der Khalil Gibran in seinem Buch "Gischt und Sand" so schön sagt: "Die Seele des Philosophen wohnt in seinem Kopf, die des Dichters in seinem Herzen und die des Sängers in seiner Kehle, aber die Seele der Tänzerin schlägt in ihrem ganzen Wesen." Vielleicht ist der Tango der Tanz, in dem sich diese Vorstellung am vollkommensten offenbart. Man kann den Tango nicht allein vom Kopf her tanzen, auch nicht allein mit dem Gefühl oder der Seele, man muß ihn auch mit dem ganzen Körper tanzen. Unter Sinnlichkeit verstehen wir hier die Wahrnehmung aller Empfindungen, die über die Gesamtheit unserer Nervenzellen aus dem ganzen Körper in unser Hirn gelangen. Unserer heutigen Kultur mangelt es an einer vollen Entwicklung dieser Wahrnehmungsfähigkeit. Zu jener Zeit, in der dieser Tanz entstand, waren die Menschen aufgrund der Art und Weise, wie sie sich im täglichen Leben bewegten, viel sinnlicher, ließen sich viel mehr von Empfindungen als von Gedanken leiten. Sie drückten sich aus, wie sie waren, wie sie arbeiteten und wie sie lebten. Der Tanz war viel sinnlicher, denn er gehörte zu Menschen, die sinnlicher waren als wir es sind. Bestimmte Kreise jener Zeit, die ihre fremden Sitten vom Adel und Hof übernahmen, hielten diese sinnliche Aktivität für unerhört obszön, was es bestimmt nicht war. Sie verbanden die Sinnenfreude ohne weiteres mit der Erotik, ja mit der Sexualität eines Bordells. Was sie verschwiegen und was in keinem Buch steht, ist, daß in den Bordellen nicht nur Tango getanzt wurde. Warum galten die anderen Tänze dann als gesellschaftsfähig? Einigen wir uns im übrigen darauf, daß kein Tanz obszön oder das Gegenteil davon sein kann, sondern daß die Obszönität, wenn überhaupt, auf der Seite des Betrachters liegt. Ein Tanz kann nicht dem Bordell eigen sein, er wird höchstens dort wie auch anderswo und unter anderen Umständen gepflegt.

Nach dieser Bemerkung zum ebenso schweren wie ungerechtfertigten Vorwurf der Prostitutionsnähe, unter dem der Tango seit langem leidet, gilt es erneut zum Thema der Umarmung zurückzukehren, um zwei grundlegende Gedanken zu erörtern und so in dieser Frage zu größerer Genauigkeit zu gelangen. Zuächst müssen wir ein räumliches Ziel definieren, das uns in der Fortbewegung wie der Norden als Orientierung dient. Die korrekte Haltung der umarmend geschlossenen Arme ist, wie schon bemerkt, in der Ausgangsstellung zu beobachten. Bis dahin ist alles klar. Aber was geschieht, wenn diese Position in Bewegung gerät? Hier kommen wir auf die Ermüdung infolge der Dynamik zu sprechen, die sich vor allem bei mangelnder Kontrolle des Gleichgewichts - des Einzelnen wie des Paars - ergibt. Der Anblick ist nicht mehr derselbe wie im Ruhezustand.

Wir können die Frage auch so formulieren: Wie gelingt es dem Paar, daß sich seine Verschränkung beim Tanzen nicht verformt? Wie bewahrt es sein Gleichgewicht, ohne an Haltung einzubüßen? Wir haben bereits eine Vorstellung vom individuellen Gleichgewicht gewonnen, aber jetzt geht es darum, das Gleichgewicht des umarmten Paares zu bestimmen. Dazu vergleichen wir das Paar mit einem bewegten Körper, der aus zwei Teilen zusammengesetzt ist, jedoch eine gemeinsame Masse besitzt.

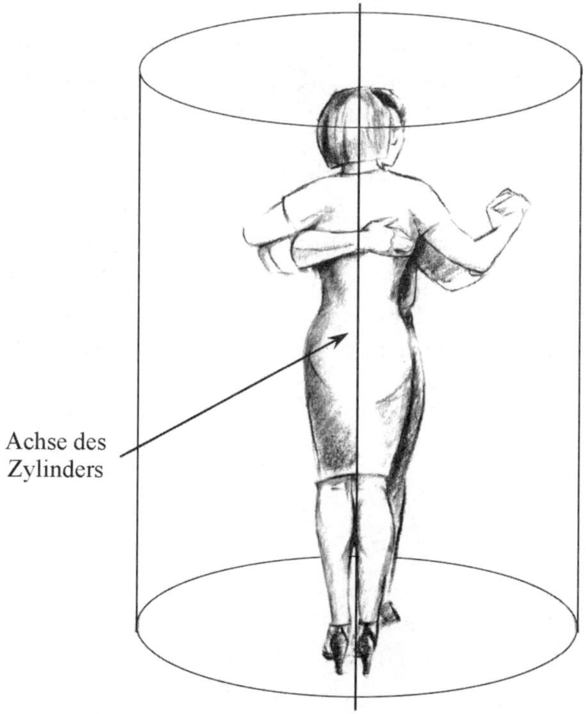

Der Luftzylinder, der das Paar einhüllt, hat als Basis eine Kreisfläche und eine identische Kreisfläche als Dach. Wenn wir deren Mittelpunkte durch eine Gerade verbinden, so bildet diese Strecke die Zentralachse.

Diese Zentralachse ist die Achse des Zylinders und gewöhnlich zugleich auch die Gleichgewichtsachse des Paars. Nur gelegentlich stimmen sie nicht überein. Daneben bestehen die beiden individuellen Gleichgewichtsachsen, die in der Regel den gleichen Abstand zur Paar-Achse haben müssen. In dem Moment, in dem einer von beiden sich hiervon beträchtlich weiter entfernt als sein Partner, verrückt er dadurch dessen Gleichgewichtsachse und auch die des Paares. Er wird damit voll verantwortlich für das Gesamtgleichgewicht. Die Ausführung von Bewegungen oder Schritten wird so fast unmöglich.

Sofern ich die Lage der gemeinsamen Achse kontrolliere und einigermaßen weiß,wo sie verläuft, kann ich ein sicheres Gefühl dafür entwickeln, wo sich das "Hinten" jedes Partners befindet. Davon ausgehend vergewissere ich mich mit den Augen, wo das "Vorne" ist, und weiß folglich, daß von dort nach hinten der gleiche Abstand besteht. Das wiederum erlaubt mir, sowohl den gemeinsamen Aktionsraum als auch den Beziehungsraum des Paares zu kontrollieren. Von daher werde ich versuchen, möglichst gleich große Abstände zur Zentralachse einzuhalten. Ist dieses Verhältnis zwischen den Achsen fortwährend ungleich,so liegt dies daran, daß wir den Beziehungsraum verformt und die Umarmung bzw. das Bild der Einheit des Paares verloren haben. In Bezug auf die Mechanik und auf die anderen beiden Räume, die wir zuvor unterschieden haben, nämlich den unteren und den oberen Raum, müssen wir feststellen, daß wir in den oberen Raum des Partners eindringen können, ohne den gemeinsamen Aufenthaltszylinder zu verformen. Erinnern wir uns aber daran, daß der obere Raum nicht invadiert, sondern von beiden zu gleichen Teilen geteilt wird, während es uns freigestellt ist in den unteren Raum des Anderen einzudringen oder nicht.

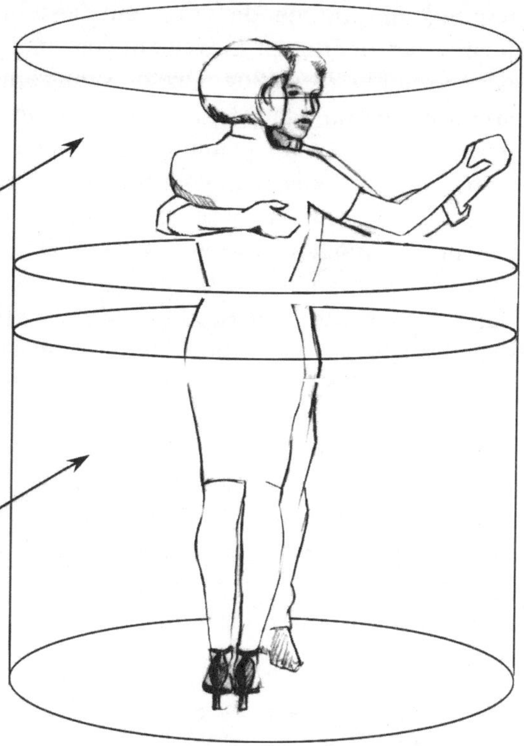

Eine Invasion im oberen Raum kommt gewöhnlich dann zustande, wenn wir zu beobachten versuchen, was unsere Beine tun. Schon in dem Moment, in dem wir den Kopf nach vorn neigen, um sehen zu können, wie und wohin wir sie stellen, dringen wir bereits in den Raum des anderen ein. Infolgedessen werden wir mit unserer Knochen-Struktur einen Ausgleich suchen, um das Gleichgewicht nicht zu verlieren: wir werden unsere Hüfte nach hinten schieben und so den uns einfassenden Zylinder deformieren. Sogar schon vor einer Deformation dieses Zylinders, d.h. des gemeinsamen Aktionsraumes dringe ich möglicherweise in den oberen Raum des Partners ein. Das geschieht sogar recht häufig. Dieses Eindringen in den oberen Raum erschwert uns nun aber die Invasion des unteren Raums. Hier entsteht nämlich ein Abstand, der eine korrekte Invasion behindert oder sogar unmöglich macht. Wir kehren die Regeln für beide Räume gerade um. Daher müssen wir diesem Thema genaue Aufmerksamkeit schenken. Der Versuch nach unten zu blicken, führt oben zur Invasion und unten zum Verlust der Fähigkeit, mit der Invasion zu glänzen. Noch schlimmer ist es, wenn danach aus dieser falschen Position heraus versucht wird, Figuren auszuführen, die vor allem diese Invasion beinhalten: Sie werden nur schlecht oder überhaupt nicht gelingen, und wenn doch, dann mit dem Risiko, uns gegenseitig zu stoßen. Um dies zu vermeiden und Invasions-Bewegungen auszuführen, die natürlich wirken,die in einem harmonischen Gleichgewicht und nicht unter Anspannung stattfinden, müssen wir auf eine exakte Stellung und den korrekten Umgang mit den Räumen, dem oberen wie dem unteren, achten. Sobald wir uns dessen bewußt werden, daß wir in den oberen Raum nicht eindringen dürfen, werden wir wie von selbst die Zentralachse beachten. Vermeide ich beim Tanzen diese Invasion, wird mir sofort deutlich, daß das Zentrum genau in der Mitte zwischen meinem Partner und mir liegt.Somit stehen mir auch die Mittel zur Verfügung, meine Haltung zu kontrollieren.

Stellt man sich in jeder Schulter einen Punkt vor und verbindet diese beiden durch eine Gerade,so erhält man die Strecke, die wir Schulterlinie nennen. Wir wissen bereits, daß in der Umarmungs-Position die beiden Schulterlinien in einem Winkel von 45 Grad zueinander stehen. Das gilt auch für die Ausführung gespiegelter Figuren. Was ist damit gemeint? Es handelt sich um die Figuren, bei denen die Frau in rückwärtiger Richtung die Schritte ausführt,die der Mann nach vorne geht oder umgekehrt.

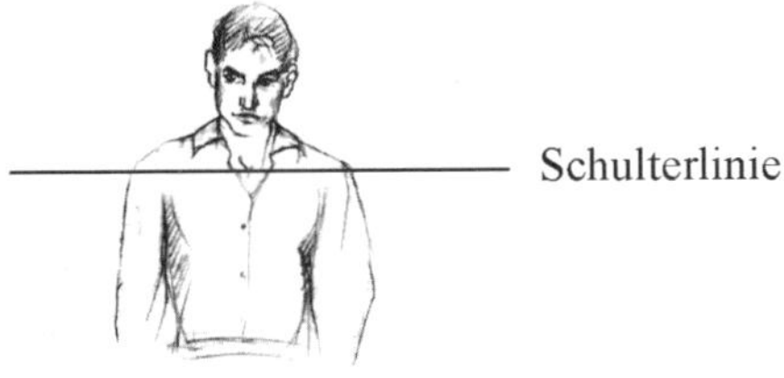

GESPIEGELTE FIGUREN

Die Schulterlinien im Winkel von (etwa) 45 Grad

Die Schulterlinien im Winkel von(etwa) 45 Grad Die Schulterlinien stehen nur dann parallel oder in einem anderen Winkel als 45 Grad zueinander, wenn wir bestimmte Sequenzen tanzen, wenn zum Beispiel die Frau Achten ausführt, während der Mann sich nicht bewegt. Eine Sequenz wird immer dann getanzt, wenn die Partner sich in verschiedene Richtungen oder mit unterschiedlichem Tempo bewegen.

PARALLELITÄT DER SCHULTERN

Sequenzen

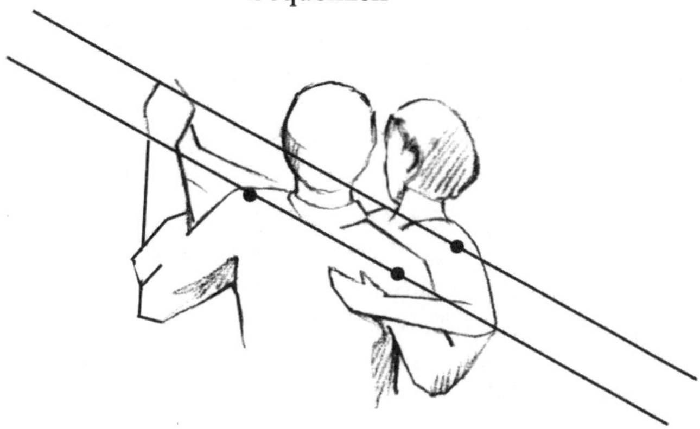

Auch die Frau wird versuchen, dieses Verhältnis herzustellen, soweit die Technik der Figur, die sie gerade entwickelt, es ihr erlaubt. Wenn beide sich darum bemühen, wird die Parallelität leicht, nämlich auf dem halben Weg zwischen den Partnern erreicht. Wenn dagegen die Frau sich beim Tanzen

Die Schulterlinien im Winkel von etwa 90°

PARADA

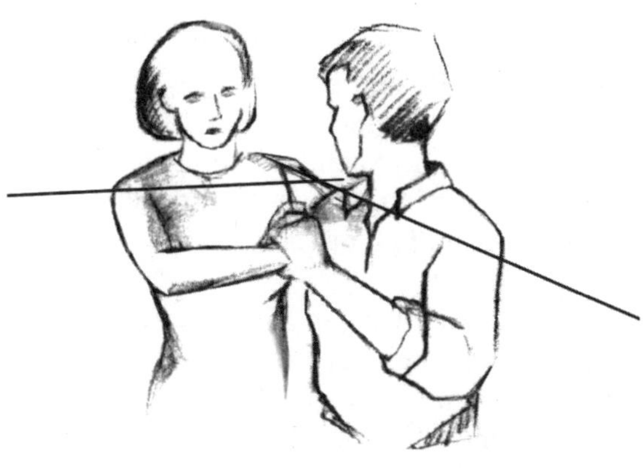

darauf verläßt, daß der Mann alles macht, nun, dann ändert sich die Situation und wird schwieriger. Der Mann beeilt sich, seine Schulter zu bieten, aber die Frau muß ihn dabei begleiten.

Es gibt eine dritte Position der Schulterlinien, eine der drei beim Tango überhaupt möglichen Beziehungsstrukturen im Schultergürtel, und zwar die 90°-Position, die wir bei der Figur der Parada ("Halt"), die eine der Eröffnungs-Stellungen ist, einnehmen. Hierbei entsteht also ein Winkel von etwa 90 Grad.

Außer der Regel, nicht in den oberen Raum des anderen einzudringen, und die gemeinsame Achse unserer Figur im Sinn zu behalten, müssen wir stets die korrekte Winkelposition unserer Oberkörper beachten . Wenn das Tempo oder die Richtung der Frau von den Bewegungen ihres Partners vollständig verschieden sind, bedeutet dies, daß Sequenzen getanzt werden und folglich die Schultern parallel gestellt sein müssen. Wenn die Frau rückwärts die Schritte kopiert, die der Mann vorwärts macht, müssen sich die Schulterlinien im Winkel von 45 Grad zueinander befinden. Solange wir diese Linien kontrollieren, ist es unwahrscheinlich, daß einer in den Raum des anderen eindringt, vielmehr wird zwischen den Partnern immer der gleiche Abstand bestehen. Daher ist es äußerst wichtig, all dies gemeinsam zu tun, denn eine Technik unterstützt die andere.
Wenn man sich diese Regeln einmal angeeignet hat, kann man sich selbst kontrollieren und auch korrigieren. In der Dynamik der Fortbewegung kommt es sehr leicht zu einer Deformation der gesamten Struktur, d.h. aller Positionen und Beziehungen. Mit Hilfe dieser Regeln jedoch kann man die korrekte Haltung sehr schnell wiedergewinnen.

Es ist mithin deutlich geworden, daß es in erster Linie die vertikale Zentralachse des Paares zu berücksichtigen gilt und daß wir sie sowohl durch die Nicht-Invasion oberhalb der Gürtellinie als auch bei der Invasion im Ausdrucksspiel der Beine stets beibehalten müssen. Nachdem wir bereits gesehen haben, was geschieht, wenn einer der Partner sich von der Zentralachse entfernt, betrachten wir nun, was im entgegengesetzten Fall passiert.

Wenn ich mich der Frau nähere, was in einem eng verbundenen Paar nur natürlich ist, entstehen in ihrer Gleichgewichtsachse Spannungen, um meine Annäherung ausgleichen zu können. Umgekehrt geschieht das Gleiche: Wenn die Frau sich mir nähert, entstehen in meiner Taille und meinen Beinen Spannungen, mit denen ich die Spannungen kompensiere, die sich auf die

Zentralachse unseres Aufenthaltszylinders ausübt. Wie begegnen wir nun diesen Spannungen, die beim Tanzen unweigerlich auftreten?

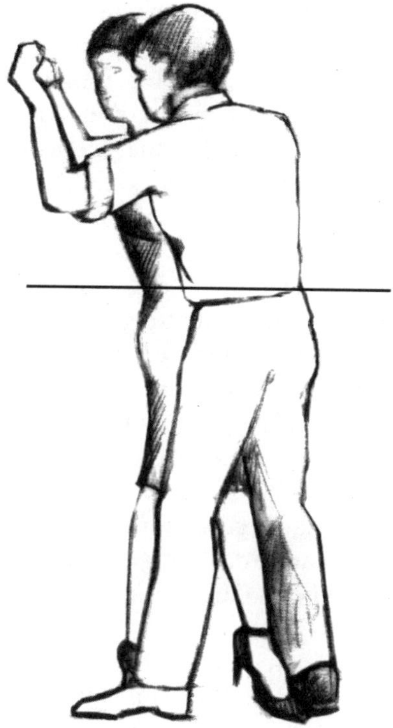

Zunächst ist festzustellen, daß es zwei Arten von Spannungen gibt: die einen verlaufen senkrecht zum Boden, die anderen dem tänzerischen Spiel entsprechend horizontal. Der Tango bietet einige Techniken an, die diese senkrechten (auf- oder absteigenden) und horizontalen Spannungen auszugleichen oder zu beseitigen helfen. Wie wir gesehen haben, werden die horizontalen Spannungen über den Mechanismus eines Rundbogens ausgeglichen oder von dort aus direkt nach unten abgeleitet, um von der Zwischenzone aufgefangen zu werden. Hier spielt die Drehung in der Taille eine wichtige Rolle für den Ausgleich der Spannungen. Betrachten wir nun die senkrechten Spannungen.

Die bereits erwähnte Zwischenzone besteht aus Taille und Hüften. Dieser Bereich trennt den oberen vom unteren Teilraum. Mit der Schwingfähigkeit der Hüften und der Drehungsmöglichkeit in der Taille besitzen wir eine fast vollkommene, fast allseitige Gelenkigkeit, zu deren Vervollständigung uns lediglich einige Grade Drehung des Rückens fehlen. Diese Zwischenzone erfüllt eine doppelte Funktion: erstens entkoppelt sie die Vorgänge in den beiden Teilräumen, damit das, was mit den Beinen geschieht, sich nicht auf den oberen Apparat überträgt bzw. umgekehrt; und zweitens verhindert sie die Überleitung von Spannungen vom einen auf den anderen Apparat durch die abfedernde Funktion ihres Gelenkspiels. Sie stellt mit anderen Worten nicht nur die Verbindung zwischen den zwei Aktionsbereichen her, sondern federt auch die Spannungen ab, die von den Beinen aufsteigend auf die Gleichgewichtsachse wirken. Außerdem entladen sich in dieser Zwischenzone noch andere Spannungen, die ebenfalls auf die Gleichgewichtsachse einwirken und hauptsächlich durch die Ableitung des Körpergewichts, der in der Umarmung vereinten Oberkörper,entstehen. Erinnern wir uns an die Gelenkspannung, die in zweifacher Weise jene Spannungen abzufedern vermag. Hinzuzufügen bleibt, daß unsere Hüften seitlich um etwa fünf Zentimeter - bei den einen mehr, bei anderen weniger -auf und ab pendeln kann. Je nachdem wie ich die Hüfte schwinge, kann ich meinen Fuß bis zu fünf Zentimeter vom Boden anheben, ohne daß sich mein gesamter Körper bewegt. So kann ich zuerst den Oberschenkel und dann das übrige Bein bis zur Fußspitze heben,ohne daß diese Bewegung sich auf den Oberkörper auswirkt.

Mit dieser gelenkigen Zone eliminieren wir alle vertikalen Spannungen; dem dient auch die Dissoziation, mit deren Hilfe die meisten Spannungen der Gleichgewichtsachse aufgefangen werden. Aber vor allem verschafft sie den Beinen die erforderliche Bewegungsfreiheit für die Ausführung der verschiedenen Figuren. Wenn ich mit der Zwischenzone gut spiele, werde ich der Frau immer Raum für die Verwirklichung ihrer Figuren bieten. Und wenn die Frau ihre Hüfte und Taille korrekt bewegt, wird sie dem Mann das Eindringen und Austreten in Räume erlauben, die sonst gar nicht bestünden und ohne deren Öffnung der Mann sich gehindert sehen würde, eine Vielzahl von Figuren auszuführen. Diesen Vorgang, dem anderen zum Tanzen Platz zu verschaffen, bezeichne ich als "Raumökonomie". Aus der Umarmungsposition ergibt sich gelegentlich die Unmöglichkeit, die beabsichtigte Richtung einzuschlagen, weil der Körper des anderen dem im Wege steht. In solchen Momenten beugen sich bestimmte Körperteile, und zwar besonders die Beine, in der Weise, daß gewisse Öffnungen bzw. Höhlungen enstehen, die den Partner sich bewegen lassen.

Von "Raumökonomie" läßt sich in einem doppelten Sinn sprechen. In der vertikalen Dimension nutzen wir die Pendelfunktion der Hüften, in der horizontalen die Drehung in der Taille, mit der wir dem Partner Raum schaffen - so zum Beispiel für die Sequenz der Acht, für die die Frau zur Drehung ihres Oberkörpers Platz benötigt.

All diese Beweglichkeit, alle Drehungen und das ganze Pendelspiel der Hüften ist in den Rumpf eingebettet und darf von außen nicht bemerkt werden. Wenn man sie doch von außen sieht, tanze ich wie bei einer Rumba oder wie bei anderen afroamerikanischen Tänze. Es sei daran erinnert, daß beim Tango die Hüfte den Auflagepunkt bildet und es die Beine sind,in denen die Bewegung entsteht,und daß hierin ein Unterschied zu jenen anderen Tänzen liegt, in denen sich die Hüften bewegen und damit die Bewegungen der Beine auslösen. Die Position der Hüfte beim Tango läßt sich als Ruhelage beschreiben: sie ruht so auf den Beinen, daß die Wirbelsäule ganz gerade und parallel zur Gleichgewichtsachse gehalten wird und der Eindruck entsteht, daß einzig und allein die Beine sich bewegen.

Sofern ein Paar eine harmonische Beziehung und die Idee der Einheit entwickelt hat, findet gleichsam ein Aufgeben der individuellen Achse zugunsten jener neuen Zentralachse statt, die wie gesagt nicht mit der Gleichgewichtsachse des Einzelnen zu verwechseln ist. Bei dieser Betrachtung bemerken wir bereits, daß die Paarstruktur eine "Beziehungs-Komposition" ist. Diese zeigt sich in den gegensätzlichen Mechanismen und Bewegungen beider Partner. Jeder falschen Stellung und jeglichem Faktor, der einen Ausgleich der Spannungen in der gemeinsamen Gleichgewichtsachse behindert oder neue erzeugt, wird vom Anderen instinktiv entgegengewirkt, wodurch eine weitere fehlerhafte Haltung entsteht. Es ist fast unmöglich, eine korrekte Körperhaltung zu bewahren, wenn man mit jemandem in falscher Stellung tanzt, denn dann muß man ja immerzu Spannungen ausgleichen. Die andere Form, diesen Defekt zu beheben, könnte darin bestehen, einen solchen Abstand zu nehmen, daß die zentrale Gleichgewichtsachse verschwindet und jeder sich an seine individuelle Achse hält. Aber so ginge die Umarmungsposition verloren. Es stellt sich dann die Frage: Tanzen wir noch Tango, wenn wir die Position des Umarmungstanzes aufgeben? Die Antwort ist ein klares Nein. Wir würden wohl einige Bewegungen ausführen, die zum Tango gehören, aber dies in irgendeiner anderen, ihm fremden Art von Paarbeziehung.

Beim Tangotanzen müssen wir unseren Körper auf eine natürliche Weise gebrauchen: mit dem Kopf in der Mitte zwischen den Schultern, den Schultern samt Oberkörper über den Hüften, den Hüften auf den Beinen und diesen über den Füßen. Das erscheint simpel, wird aber häufig nicht gesehen. Normalerweise entsteht aus dem Wunsch, technisch zu glänzen, ein unkorrekter, affektierter Umgang mit dem Körper; und als Folge dieses unharmonischen Gebrauchs unserer verschiedenen Körperteile übertragen wir Spannungen auf den Partner. Ich wiederhole: Wenn ich meinen Körper unkorrekt gebrauche, rufe ich in der Gleichgewichtsachse des Paares Spannungen hervor, die von meinem Partner ausgeglichen werden müssen, indem er für meine falsche Stellung eintritt. Daraus ergibt sich, daß, während ich meinen Körper falsch gebrauche, es der andere ist, der vor dem Zuschauer schlecht dasteht. Um dies an einem Beispiel deutlich zu machen: Wenn man eine Frau mit ausgestrecktem Hinterteil tanzen sieht, wird gesagt: "wie schlecht sie tanzt, wie schrecklich"; man müßte aber sehen, wie der Mann sie hält und ob sie möglicherweise mit ihren Hüften größere Spannungen kompensiert. Oder im Falle jener Männer, die mit zurückgeworfenem Kopf tanzen und damit den Kommentar provozieren: "wie unschön seine Haltung aussieht, gar nicht elegant", müßte man sehen, mit wem er tanzt und welches Gewicht bzw. welche Spannungen er vielleicht mit dem zurückgelehnten Kopf und der nach hinten gebogenen Wirbelsäule ausgleicht. Was in beiden Fällen die Beurteilung der Beziehungs-Komposition noch erschwert, ist der Umstand, daß beim Tango vieles verborgen bzw. verdeckt bleibt und man infolge der Verschränkung des einen in den anderen oftmals nicht erkennen kann, wodurch das Problem hervorgerufen wird.

Andererseits können wir auch feststellen, daß wir beständig einer fast instinktiven Neigung folgen, dem anderen sein Gleichgewicht zu nehmen, um uns selbst sicherer zu fühlen. Kaum bekannt ist allerdings, welch negative Folgen dieser "Raub" der gemeinsamen Gleichgewichtsachse hat, weil ja der andere die Beziehungs-Komposition stets wiederherstellt. Es kommt darauf an, diese Tendenz beim Tanzen zu überwinden und Spannungen der eigenen Gleichgewichtsachse abzugeben, um eine neue Achse zu bilden. Ich muß einen Teil meiner Gleichgewichtsachse ausliefern, um harmonisch tanzen und mich dergestalt im Raum fortbewegen zu können, daß daraus ein Dialog, ein Spiel zu zweit und nicht ein Zweikampf wird.

Wie vermeide ich nun solche Probleme in der Beziehungs-Komposition? Vor allem durch eine korrekte Haltung. Wenn ich diese nicht einnehme, werde ich am Ende jedweden Tanz tanzen, nur nicht Tango, so sehr ich auch dessen Figuren ausführe. Die Aufgabe besteht also darin, unseren Körper möglichst gut zu verstehen, ihn korrekt zu gebrauchen und im übrigen zu vermeiden, Spannungen auf den Partner zu übertragen. Wenn mir in allen meinen Körperabschnitten eine koherente Beziehung gelingt und ich mich an die Regel halte, oben nicht, unten aber wohl einzudringen, wird meine Stellung stets einwandfrei sein, und werde ich keine Spannungen übertragen.

Wenn ich dagegen den Tanz-Zirkel durchbreche, füge ich den bei der Ausführung von Figuren üblichen Spannungen neue hinzu, zusätzliche Spannungen, die sich eben daraus ergeben, daß ich den korrekten Raum verlasse. Ich erhöhe also die Spannungen an der Basis. Wenn ich, um mich abzustützen, mit den Füßen eine Fläche einnehme, die größer ist als der Tanz-Zirkel, erhöhe ich die Spannungen in der Gleichgewichtsachse.

Sobald wir begreifen, daß der Tango auf der Einheit der beiden Körper, auf der Idee eines Paars beruht, verstehen wir auch leicht, wie wichtig es ist, daß ein Partner dem anderen die nötigen Hinweise übermittelt, damit dieser wahrnehmen kann, was genau im Moment geschieht. Diese Hinweise zirkulieren horizontal im oberen Kreisbogen und vertikal im senkrechten Kreis, den wir sogleich beschreiben werden. Hiervon hängt ab, wie die beiden Personen bzw. Strukturen, die die Einheit des Paars bilden, sich verhalten. Sowohl für die Othodoxie wie auch für die Improvisation ist das ganze Spiel nicht mehr und nicht weniger als die Übertragung einer Menge von Codes, die der Frau vom Mann und dem Mann von der Frau vorgegeben werden. In dieser Wechselbeziehung gibt es ein Senden und ein Empfangen von Hinweise bzw. Codes, die in der anschließende Bewegung umsetzt werden. Die Orthodoxie geht üblicherweise davon aus, daß es der Mann ist, der sendet, während die Frau ausschließlich die Hinweise empfängt. Diese Vorstellung ist der Mehrheit der Tangotänzer und -Tänzerinnen eigen, sie stimmt aber in keiner Weise mit seinen Ursprüngen überein, in denen die Frau ebenso wie der Mann eine aktive und kreative Rolle beim Tanzen spielte. Die Orthodoxie bzw. der Klassizismus entwickelten sich erheblich später, hinterließen allerdings so starke Spuren, daß sie sich in die vorherrschende Vorstellung verwandelten. Hieraus erklärt sich auch mein Einwand gegen die Bezeichnung "Befehl", die ich in diesem Buch -

wenn überhaupt - nur mit Vorbehalt benutze, weil ich die mit ihr verbundene Konzeption der Orthodoxie nicht teile.

Der soziokulturelle Kontext hat sich seitdem verändert, und um zur Improvisation zu gelangen, muß man vom Klassizismus ausgehen. So erhalten wir zunächst einmal den kulturellen Maßstab, der heute ja ein ganz anderer ist als damals. Ausgehend von diesem Klassismus, der mit der Zeit entstanden ist, versuche ich den Modus zu erklären. Dieser Punkt ist entscheidend für das Verständnis des Tango: es geht nicht darum , vieles zu tun, sondern darum, was auf welche Weise und in welchem Augenblick getan wirt.

Die Entscheidung darüber erfolgt aus der Sicht der Orthodoxie so: Der Mann entwickelt eine Vorstellung, denkt oder empfindet, übermittelt dies und die Frau folgt dem Hinweis; der Mann denkt oder empfindet erneut, gibt den Einfall weiter und die Frau führt ihn aus. Dies ist die Vorstellung der Orthodoxie und somit die, der "Tango- Mehrheit".

Zu dieser generellen Auffassung gehört ebenfalls die Annahme, daß die rechte Hand des Mannes, die den Rücken der Frau umfaßt, den Befehl gibt. In Wirklichkeit ist es aber nicht so. Diese Hand sagt zwar "wann" und "wie", gibt aber nicht an, "was"; das "Was" resultiert vielmehr aus einer Vielzahl von Hinweisen ,die auf anderen Wegen übermittelt werden. Wir behaupten also, daß beim Tanzen nicht allein auf eine Weise, sondern mittels einer Summe verschiedener Techniken geführt wird. Neben der rechten Hand, die den Rücken der Frau umfaßt, sind es die Beine, die Hinweise geben, Absichten und Anregungen können aber auch auf jede andere Weise dem Gleichgewichtszentrum übermittelt werden und damit zur Verständigung beitragen.

In einem fortgeschritteneren Stadium der Vervollkommnung des Spiels mit den Empfingungen, bei der freien und kreativen Improvisation können wir davon sprechen, daß der Tanz insgesamt von beiden Partnern geführt wird. Sobald wir improvisieren, geht die Ausführung jeder einzelnen Bewegung wie auch jeder Abfolge von Bewegungen stets entweder von mir oder vom anderen aus. Bei der Improvisation nehmen beide Partner die gleiche Rolle ein, die Initiative geht von beiden aus.

Es gibt also, wie wir gesehen haben, unterschiedliche Techniken der Übermittlung von Hinweisen. Weiterhin unterscheiden nun sowohl die

Orthodoxie als auch die Improvisation zwei Komponenten, die beim Senden und Empfangen von Hinweisen eine Rolle spielen. Bei beiden Partnern gibt es eine innere und eine äußere Komponente. Die innere Komponente umfaßt alle Vorgänge vom Empfangen der Anregungen, die vom anderen ausgehen, bis zu meiner Antwort. Unter diesen inneren Vorgängen finden wir ein "neutrales Bild" und einen "Bewußtheitszustand". Mit "neutralem Bild" ist die Vorstellung gemeint, die ich vom Paar habe, als würde ich es von außen betrachten. Da ich aber selbst der Tanzende bin, handelt es sich genauer gesagt um ein inneres Bild von dem, was ich annehme, daß man von außen sieht. Von diesem Bild ausgehend entwickele ich einerseits Vorstellungen von den Möglichkeiten im weiteren Verlauf der Bewegungen (zeitliche Dimension), andererseits reguliere und korrigiere ich meine Situation im Verhältnis zum Partner (räumliche Dimension).

Der "Bewußtheitszustand" entsteht aus allen körperlichen Empfindungen, die in mein Hirn gelangen und mir ein allgemeines Bewußtsein von dem verschaffen, was mit meinem Körper geschieht. Ich kann mich beim Tanzen ebenso auf das "neutrale Bild" wie auf den "Bewußtheitszustand" verlassen, aber ideal ist es, wenn beide sich ergänzen, um jede einzelne meiner Bewegungen noch besser kontrollieren zu können.

Die äußeren Vorgänge bestehen in den Bewegungen, die wir nach außen hin vollführen. Auf deren Wahrnehmung reagieren unsere Nerven und rufen jene inneren Strömungen hervor, von denen unsere Bewegungen abhängen. Je mehr Hinweise in der Paarbeziehung ausgetauscht werden, um so präziser werden das "neutrale Bild" und der "Bewußtheitszustand" sein. Hier muß ich etwas einfügen: Für die, die bereits tanzen gelernt haben, existiert das "neutrale Bild" immer in zwei Dimensionen, und was noch schlimmer ist: diese zwei Dimensionen stellen sich seitenverkehrt dar, weil die Tänzer viel mit dem Spiegel gearbeitet haben. Ihre Vorstellungen sind daher auch nur zweidimensional und seitenverkehrt. Zum Tango gehört aber außer der Höhe und Breite auch die Tiefe, woraus sich eine weitere Schwierigkeit ergibt, nämlich die, mein "neutrales Bild" dreidimensional zu entwerfen und außerdem umzukehren. Es kommt also darauf an, das innere Bild in drei Dimensionen und seitenrichtig zu entwickeln.

Im Kapitel über den Ausdrucks-Apparat wurde bereits auf die externen Vorgänge, die hier eine Rolle spielen, hingewiesen, und zwar beim Versuch zu erklären, daß es sich bei dem, was fälschlicherweise Befehl genannt wird, um nicht mehr und nicht weniger handelt, als das Gleichgewichtszentrum des Partners in der Weise zu stimulieren, daß dieser reagiert und nicht seine eigene Gleichgewichtsachse verliert. Die Befehle sind mit anderen Worten Spannungen, die in dieser Achse hervorgerufen werden, dies allerdings nicht in der Art eines Zwangs, sondern durch anhaltend-gleichmäßigen Druck. Ein plötzlicher heftiger Druck ist gewalttätig und dient nicht der Verständigung, ein anhaltender leichter Druck dagegen wohl. Beim Ausüben von zwangshaftem Druck läuft man im übrigen Gefahr, das Gleichgewichtszentrum des anderen derart zu verschieben, daß es sich nicht mehr über, sondern außerhalb der von seinen Füßen eingenommenen Fläche befindet und der Partner zu fallen droht. Dieser wird sich infolgedessen an seinem Gegenüber festhalten, um sein Gleichgewicht zu bewahren, und danach seine Beine bewegen, womit er zusätzliche Probleme schafft, wenn der Oberkörper sich nicht mitbewegt. Schließlich kann es auch geschehen, daß bei einem zu jähen oder zu schwachen Druck die Verständigung überhaupt nicht zustande kommt.

Wenn ich dagegen einen anhaltenden sanften Druck ausübe, wird die Frau aus diesem Druck die Richtung und Schnelligkeit ablesen, den entsprechenden Schritt tun und erst dann ihr Gleichgewichtszentrum mitten über die nun von ihren Füßen eingenommene Fläche verlagern. Es gilt also zu vermeiden, daß zuerst das Gleichgewicht verschoben wird und dann erst der Fuß,die Bewegung folgt. Wir dürfen die natürliche Reihenfolge nicht umkehren. Im übrigen sei darauf hingewiesen, daß jener Druck durchaus beendet werden kann, sobald der Empfänger die Absicht verstanden hat.

Wir können Hinweise mit den Armen oder den Beinen, mit dem Körper, dem Kopf oder als Absicht übermitteln, und wir können sie auch als Gegenbefehle erteilen. Was bedeuten nun alle diese Alternativen? Sie bezeichnen die verschiedenen Möglichkeiten, über die wir verfügen und die sich, wie gesagt, nicht auf jene einzige Hand beschränken, die den Rücken der Frau umfaßt. Beginnen wir mit den Armen, die ja die hauptsächlichen Verbindungselemente darstellen. Schon wenn wir an den Tango als Umarmungstanz denken, verweist uns das Wort Umarmung auf das in ihm enhaltene Wort Arm. Es sind die Arme, die den oberen Kreisbogen bilden und auf den ersten Blick die Anweisungen vermitteln. Sobald einmal die Ausgangsstellung eingenommen wurde, bilden sie eine Einheit und wirken im Verbund, also nicht gelenkig, weil die Gelenkigkeit die Datenübermittlung abschwächen würde. Dies ist von grundlegender Bedeutung. Wie bereits festgestellt wurde, sind es der rechte Arm und die rechte Hand des Mannes, die den Rücken der Frau umfassen und die das "wann" und "wie" bestimmen, wann also die Fortbewegung beginnen und wie sie entwickelt werden soll, schneller oder langsamer, in weiteren oder engeren Bahnen, in größerem oder kleinerem Winkel. Erinnern wir uns aber daran, daß diese rechte Hand tatsächlich keine Anweisungen gibt, welche Bewegung oder in welche Richtung die gesamte Figur ausgeführt werden soll. Die entsprechenden Hinweise gehen, wie wir sehen werden, vom ganzen Körper aus.

Im übrigen sollte jene Hand mit Vorsicht gebraucht werden. Es besteht die Tendenz, hauptsächlich die Finger zu benutzen, was für die Frau unangenehm wird, weil die Finger schnell ein lästiges stechendes Gefühl hinterlassen. Besser sollte die Handfläche benutzt werden, so daß die Finger auf dem Rücken der Frau liegen und nicht auf ihm stehen. Aufgestellte Finger tun nicht nur weh, sondern tendieren auch dazu, nötigende Anweisungen zu erteilen. Die Handfläche dagegen ist eher geeignet, zu bergen, zu halten und einen anhaltenden leichten Druck auszuüben. Soviel zur rechten Hand des Mannes.

Die linke Hand, die die rechte Hand der Frau umfaßt, gibt ebenfalls keine Anweisungen mittels ihrer Beugung. Die Beugung des Handgelenks ist für die Frau schmerzhaft oder zumindest unangenehm. Ebensowenig soll der Arm am Ellbogen oder in der Schulter angewinkelt werden, vor allem weil dies gegen die Ästhetik verstößt. Wer es dennoch tat, wurde üblicherweise "Ruderer" genannt, weil solche Bewegungen denen beim Rudern gleichen.

Nicht vernachlässigen dürfen wir auch den Halt, den die Frau in der Umarmung findet. Es handelt sich um den Zustand der Geborgenheit und Sicherheit, den der Mann der Frau vermitteln muß, damit sie allmählich ihre Ängste beherrschen kann, vor allem die nur schwer zu überwindende Angst, ihre Füße rückwärts zu setzen, dorthin, wohin sie nicht sehen kann, denn das läuft den Instinkten zuwider. Um zu erreichen, daß sie diese Angst überwindet, im Rückwärtsgang - der neunzig Prozent der Schritte der Frau ausmacht - ihre Füße zu setzen, kommt es darauf an, daß der Sitz, die Verschränkung ihr Sicherheit geben. Der Halt in der Umarmung hat für die Frau eine ebenso psychische wie physische Bedeutung. Der Mann muß ihr die Sicherheit vermitteln, sie galant auf sicheren Wegen zu führen.

Wenn sie sich nicht gehalten fühlt, wird sie mehr darauf achten, wohin sie ihre Füße setzt, als auf die übermittelten Botschaften. Sie ist mehr mit der Beherrschung ihrer Angst beschäftigt als mit dem Empfang von Hinweisen, die zur Verständigung über das Spiel führen, das vom Detaille bis zur allgemeinen Bewegung in Zeit und Raum reicht.

Ebenso wie mit den Beinen geben wir auch mit dem Körper Richtungen des Tanzes vor. Im allgemeinen geben wir mehr Hinweise darauf ,wo wir eine Figur im Raum ausführen werden,als ein ganz bestimmte Tanzfigur zu veranlassen Mit dem Körper üben wir also im oberen Raum einen gewissen Druck aus, der zu einem Richtungshinweis wird. Dabei müssen wir allerdings aufpassen, daß der Druck sich nicht in eine Invasion verwandelt. So mit dem Körper zu agieren, bedeutet, die gefährliche Grenze zur räumlichen Invasion an der der Druck spürbar wird zu berühren, ohne sie jedoch zu überschreiten.
Oft ist der Körper außerdem an Ausweich-, Brems- oder Sperrmanövern beteiligt. Zugleich ist aber auch an die Möglichkeit zu erinnern, unserem Partner durch Abwesenheiten unseres Körpers Hinweise zu geben. Wenn in dem zuvor beschriebenen Tanz-Zylinder ein Partner mit seinem Körper einen freien Raum läßt, wird dieser instinktiv vom anderen ausgefüllt, da er den Anreiz als Aufforderung zu einem konkreten Schritt versteht.

Eine andere Weise, Hinweise zu übermitteln, beruht auf der Fähigkeit, je nach den zeitlichen und räumlichen Umständen zwischen verschiedenen Figuren zu wählen. Je nachdem, wie ich meine Beine gestellt habe und wo ich mich in der Tanzbahn befinde, ist mir nur eine beschränkte Zahl von Figuren möglich, so daß ich alle anderen Alternativen verwerfen kann. Die Berücksichtigung der möglichen Bewegungsalternativen wird zu einer inneren, subjektiven Leitlinie. Diese Fähigkeit, entsprechend meiner Position unter den Alternativen zu wählen, hilft mir eine Vielzahl von Bewegungen auszuschließen, die ich in dieser Situation unmöglich wagen darf. Nicht in allen Positionen sind alle Alternativen realisierbar. Die Kenntnis der Möglichkeiten bei jeder unserer Bewegungen erlaubt uns daher, unter einer kleineren Zahl von Varianten zu wählen. Hiervon ausgehend läßt sich der Tango als Tanz der Optionen verstehen, was eben bedeutet, daß ich wissen muß, welche mir zur Verfügung stehen. So beginne ich das Spiel mit 40 statt mit 500 Karten auf der Hand.

Eine gute Tango-Tänzerin befreit sich von der passiven, unterwürfigen Rolle, nur den Anweisungen des Mannes zu folgen. Ihr bietet sich die Möglichkeit, eine aktive Rolle zu übernehmen, aus der heraus sie ihrem Partner ihre Tanzentscheidungen und -vorschläge übermittelt, was wir von hier ab Gegenbefehl nennen. Selbst im Rahmen der Orthodoxie kann sie sich ausdrücken, indem sie - auf der Basis der vom Mann nahegelegten Gestaltung und unter konkreter Anwendung der direkten Modifikatoren - den Raum und die Zeit kreativ nutzt. Die Gegenbefehle sind Hinweise, die von der Frau ausgehen, wenn der Mann einen Befehl erteilt. Häufig bildet sich der Mann ein, einen Hinweis der Frau erhalten zu haben und dann dieses oder jenes tun zu können, doch modifiziert dieser Hinweis am Ende nicht selten seine Entscheidung Oft hängt der weitere Verlauf des Tanzes sogar von dieser Antwort ab. Wer hat also den Befehl gegeben? Die Frau. Um dies mit einem Bild zu verdeutlichen, könnten wir sagen, es ist, wie wenn man eine Welle vom Strand (der Frau) oder von einem Schiff (dem Mann) aus beobachtet. Wer die Welle vom Strand aus betrachtet, sieht, wie sie kommt und wieder zurückweicht; wer dagegen das Schiff steuert, sieht nur die zum Ufer rollenden Wellen. Er bemerkt jedoch nicht die Gegenwelle, die erst die Brandung zustandebringt.

Wir wissen also nicht einmal, ob den ersten Hinweis tatsächlich er gibt, denn sobald er sich zum ersten Mal mit der Frau umfaßt, empfängt er Hinweise und beginnt von ihnen ausgehend seine ersten Schritte zu entwerfen. Wer tanzt, ist sich darüber im Klaren, daß man niemals weiß, was man tun wird, bevor man sich nicht mit dem Partner umfaßt und die Umstände beobachtet hat. Jegliche Änderung ruft eine andere Antwort hervor, sogar in Bezug auf den Beginn des Tanzes. Es verhält sich wie mit dem Künstler und seinem Werk. Der Bildhauer ist kein Bildhauer, wenn er nicht eine Statue vollendet hat. Die Statue ist daher für den Bildhauer so wichtig, wie der Bildhauer für die Statue. Zwischen ihnen gibt es etwas Verbindendes. Im Marmorblock sind alle Formen enthalten, die in allen denkbaren Skulpturen vorkommen, man muß nur die nicht geeigneten ausscheiden, um zu behalten, was man wirklich sucht. Ohne diesen Marmor jedoch erweckt der Künstler überhaupt nichts zum Leben.

Lassen wir diese Bilder beiseite und kehren zur Frage des Gegenbefehls zurück. Es bleibt darauf einzugehen, wie dieser zustandekommt.
Über den vertikalen Kreisbogen werden Impulse und Empfindungen vom Mann zur Frau und von dieser zum Mann übermittelt. Die Nähe der Beine und der Kontakt zwischen ihnen, die mittels der Gelenkspannung und der Nähe der Oberkörper erreicht wird, schließen diesen Kreisbogen während der Übermittlung und Ausführung jener Hinweise. Sie werden von den Beinen des Mannes aus nach oben vermittelt und eröffnen hier in jeder Situation die Möglichkeit eines weiteren, veränderten Befehls, je nachdem wie die Frau den ersten Befehl hinsichtlich Weite, Schnelligkeit und Winkelung ausgeführt hat - und umgekehrt.

VERTIKALER KREISBOGEN

Kontakt der Oberschenkel

Es kann auch geschehen, daß die Frau die mit dem ersten Impuls gelieferten Hinweise nicht richtig versteht und eine vom Mann nicht erwartete Bewegung ausführt. Das liegt allerdings nicht immer daran, daß die Frau nicht versteht, sondern im Gegenteil daran, daß sehr häufig die vom Mann ausgehenden Hinweise nicht ausreichend oder unklar sind und daß diese Unklarheit bei der Frau unweigerlich Zweifel hinterläßt. Dem Mann dagegen erlaubt der Kontakt der Oberschenkel - als unterer Abschluß des Kreisbogens - einzuschätzen, ob die Weite, Schnelligkeit und Winkelung dem ersten Hinweis entsprechend korrekt oder nicht korrekt war.

Weil es zum Thema gehört, möchte ich an dieser Stelle erneut unterstreichen, daß ich nicht damit einverstanden bin, das Übermitteln von Hinweisen als

"Befehl" zu bezeichnen. Sicher ist mir klar, daß die Orthodoxie, d.h. die mündliche und schriftliche Überlieferung des Tangotanzes diesen Begriff geprägt hat, aber ich weigere mich zu akzeptieren, unter dem Vorwand, den Wortsinn zu befolgen, den Tanz zu einem Akt der Beherrschung zu machen, was mit dem Tango aber auch gar nichts zu tun hat.

Statt Befehle und Anweisungen zu erteilen, sollte der Mann die Frau möglichst galant durch Zeit und Raum führen und dabei das Zusammenspiel suchen. Er sollte sich bemühen, männlichen Halt zu bieten, und auf die repressive Vorherrschaft des virtuosen "Machisten" verzichten. Erst wer begreift, daß man im Paar verschiedene Rollen spielen kann, ohne deswegen mehr oder weniger wichtig zu sein, wird den anderen, erhabenen und respektvollen Tango tanzen, den das ganz einfache Volk geschaffen hat und mit dem eine neue, bisher unvergleichbare Art zu tanzen entstanden ist.

Der "Befehl" wurde in der Zeit des Klassizismus erfunden, nicht vorher. In den ersten schriftlichen Überlieferungen erscheint der Begriff nicht."Befehlen" ist die Haltung derer, die am wenigsten kreativ befähigt sind, die wenig offen und begabt sind für diese Kunst, im Paar einen Dialog zu entwickeln. Hierfür scheint mir der Begriff "Verständigungs-Code" am besten geeignet.

Es gibt Anregungen, die das Zentrum bzw. die Achse des Gleichgewichts erregen, die nicht mechanischer Art sind und die wir nicht als "Aktionen" einstufen können. Eine dieser Anregungen ist die Intention. Schon unsere Absicht vermag die Tanzrichtung vorzugeben. So genügt beispielsweise, Rückwärtsschritte zu veranlassen, da schon der Gedanke an sie in mir die Muskelspannung verändert, auch wenn mein Körper sich anscheinend nicht bewegt hat und der Partner nichts bemerkt. Für Schritte zur Seite gilt das gleiche. Überhaupt wird jeglicher Hinweis, den wir mit den Beinen, den Armen, dem Körper oder auf andere Weise geben, in jedem Fall zuvor durch die Intention übermittelt. Die Intention wird damit zu einem fast grundlegenden Faktor. Ein weiteres Beispiel hierfür ist die Figur der (vor- oder rückwärts getanzten) Achten. Wer nicht viel vom Tango versteht, benutzt die berühmte rechte Hand auf dem Rücken der Frau und versucht, mit diesem Element alles zu sagen. Tatsächlich wäre es korrekt, der Frau den Hinweis auf die auszuführende Acht als Absicht zu vermitteln, während die Hand lediglich angibt, "wann" und "wie". In diesem Fall ergibt sich eine Raumökonomie, weil der Hinweis durch und auf die Absicht direkt an sie gerichtet ist. Ich nehme also etwa meinen Oberkörper zurück, schaffe so einen Zwischenraum - was ich räumliche Abwesenheit nenne - und die Frau füllt ihn aus, indem sie die Figur ausführt, wie ich weiter oben erklärt habe.

Sofern das Paar richtig verschränkt ist, wird jegliche Bewegung, die eine Absicht ausdrückt, vom anderen durch den Ausgleich im Kreisbogen verstanden, sei es infolge der Anwesenheit irgendeines Teils meines Körpers, der Hinweise gibt, oder dessen Abwesenheit. Wenn der obere Spannungsbogen gut gefügt ist, werden aufgrund einer Anwesenheit oder Abwesenheit die gewünschten Tanzschritte sicher richtig interpretiert.

Auch der Verbindungspunkt der Köpfe vermittelt Befehle, und zwar mittels Verstärkung oder Abschwächung des Drucks oder Unterbrechung des Kontakts.

Von den Redewendungen, die mit dem Tango entstanden sind, haben wir bereits jene erwähnt, die besagt, der Mann habe die Frau geführt, als ob sie schliefe. Auch wenn damit ausgedrückt werden sollte, daß in einem Paar eine große Verbundenheit bestand und der Mann sehr gut tanzte, so weist der Ausdruck uns doch auch auf eine andere Erscheinung des Tango hin, nämlich die gleichsam schwebende, einer einzigen Linie folgende Fortbewegung des Paares auf der Tanzfläche. Darin stimmen die Reiseberichte und Bücher derer, die gekommen waren, um den ursprünglichen Tango zu betrachten, überein: die tanzenden Paare wie schwebend zu beschreiben.

Einer der grundlegenden Aspekte der Art und Weise, Tango zu tanzen, ist eben dieses Schweben, dieses Gleiten beider Körper parallel zur Tanzfläche. Das Schweben besteht in der Fähigkeit des Tango-Paares, bei allen tänzerischen Bewegungen im Raum eine unveränderte Position des gesamten dramatischen Apparates beizubehalten. Es handelt sich dabei um jene konkrete körperliche Fähigkeit, sich durch den Raum zu bewegen, ohne den Eindruck zu erwecken bzw. nach außen erkennen zu lassen, daß unsere Körper der Schwerkraft unterliegen. Wenn ich meinen Körper entsprechend beherrsche, kann ich nach außen hin diesen Eindruck des Schwebens erwecken, gewissermaßen die Illusion, unser Körper und d.h. der Rumpf habe trotz seines großen Volumens keinerlei Gewicht. Das müssen die Partner zunächst jeder für sich erproben, bevor sie diese Erfahrung dann auf das Paar übertragen. Denn wenn ich selbst die Empfindung des Schwebens habe, mein Tanzpartner aber bei jedem Schritt am Boden haftet, wird er alles zunichte machen, was mir vielleicht gelungen ist. Er wird das Schweben des Paares unterbrechen. Erinnern wir uns daran, daß in der Beziehungs-Komposition alles, was ein Partner verkehrt macht, vom anderen ausgeglichen werden muß.

Für die korrekte Ausführung dessen, wovon die Rede ist, verfügen wir über eine besondere Technik für die Zuschauer und eine andere konkrete Technik für die Tänzer. Warum hat die ans Publikum gerichtete Technik eine derartige Bedeutung? Offensichtlich ist der Tango ein Tanz, bei dem das Renommieren viel mit Konkurrieren zu tun hat, was eine gesellschaftliche Spaltung seiner Funktionsweisen mit sich bringt. Der Zuschauer ist der Richter, der beurteilt, wer gut tanzt und wer der Beste ist. Und eben aus diesem Motiv erklärt sich die Unterteilung innerhalb der allgemeinen Technik des Tanzes.

Tächlich hat dies zu einer Selbstzensur beim Tanzen geführt. Wer den Tango nicht gut zu tanzen versteht, versucht es in vielen Fällen nicht einmal. Trotzdem kommt es vor, daß dieselbe Person sich später bei einer anderen Musik durchaus traut und sich mit einem sehr schlechten Tanz lächerlich macht. Für mich ergibt sich daraus eindeutig, daß der Mann sich nicht wegen seiner mangelnden Körperbeherrschung weigerte, Tango zu tanzen, sondern aus einem anderen, ihm äußerlichen Grund.

Bei allen übrigenTänzen hat der Tanzende sowohl den Genuß zu tanzen wie auch das Vergnügen zu schauen. Beim Tango dagegen bleibt dem Tänzer zwar der Genuß, aber das Vergnügen des Betrachtens hat nur der Zuschauer. Insofern es sich andererseits um einen Improvisations-Tanz handelt, besteht auch das Risiko, daß unangemessene Gesten und Haltungen gebraucht werden und somit der Modus des Tango verfälscht wird. Anders verhält es sich mit der Form, die durchaus modifiziert werden darf.

Aus diesen Erwägungen gelangen wir zu dem Schluß, daß den gesellschaftlichen Maßstab für den Tango-Ausdruck nicht der Tänzer aufstellt, sondern der Zuschauer. Dieser befindet sich in der Rolle des Richters, der bestimmt, was Tango ist, und die Spielregeln festlegt. Natürlich werden wir alle zu Richtern, sobald wir nicht selbst Tanzen.

Wenn wir unter diesem Gesichtspunkt noch einmal das Thema des Schwebens betrachten, bemerken wir, daß seine ganze Mechanik dem Zweck dient, daß das Schweben nicht nur empfunden, sondern auch nach außen sichtbar wird. Dem Betrachter wird mit einer Reihe von Techniken, Haltungen und anderen Mitteln das Vergnügen bereitet zu beobachten, wie die Körper dahingleiten, scheinbar ohne daß die Schwerkraft auf sie einwirkt. Selbstverständlich gibt es zugleich die Brillanz im Modus, die Virtuosität der Form und viele andere auch zum Tanz gehörende Aspekte zu bewundern. Aber in jedem Fall entscheidet das Schweben darüber, ob der Modus des Tango angemessen gelingt.

Wie wir bereits wissen, müssen alle unsere Gelenke von der Taille abwärts zu den Füßen hin angespannt sein. In dem Maße, in dem diese Gelenke ihre Harmonika- oder Stoßdämpfer-Funktion erfüllen, erlauben sie eine Stabilität in der horizontalen Fortbewegung und damit das auf einen sicheren Unterbau gegründete Schweben. Des weiteren sprachen wir bereits von der Schulterlinie, die zwei Punkte verbindet. Zwischen beiden Linien wiederum entsteht eine Fläche, d.h. die Schulterlinien beider Partner markieren eine Fläche. Wenn ich mit einem kleineren Partner tanze, wird die zwischen meiner und seiner Schulterlinie gebildete Fläche in einem bestimmten Winkel zu ihm hin abfallen, oder umgekehrt zu mir, falls er größer ist.

GEFÜHL DES SCHWEBENS

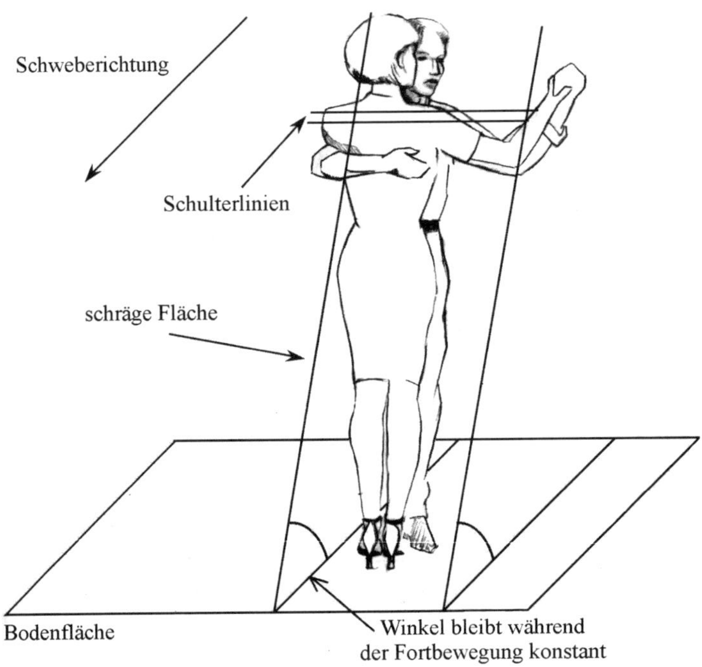

Dieser Winkel muß nun während des ganzen Tanzes beibehalten werden. Wenn mein Partner ebenso groß ist wie ich, bildet jene Fläche notwendig und beständig eine Parallele zur Tanzfläche. Ob nun eine schräge Fläche zur Frau oder zum Mann hin oder eine waagerechte Fläche entsteht, entscheidend ist in jedem Fall, daß der Winkel während des ganzen Tanzes konstant bleibt.

Es kommt mit anderen Worten darauf an, den Größenunterschied im Paar genau beizubehalten. Denn sobald diese Differenz während des Tanzes verändert wird, ändert sich damit auch der Winkel zwischen dem Boden und der von den Schulterlinien markierten Fläche.

Daß Männer traditionell stets dazu neigen, mit kleineren Frauen zu tanzen, heißt keinesfalls, daß nicht auch das Umgekehrte der Fall sein kann.

GEFÜHL DES SCHWEBENS

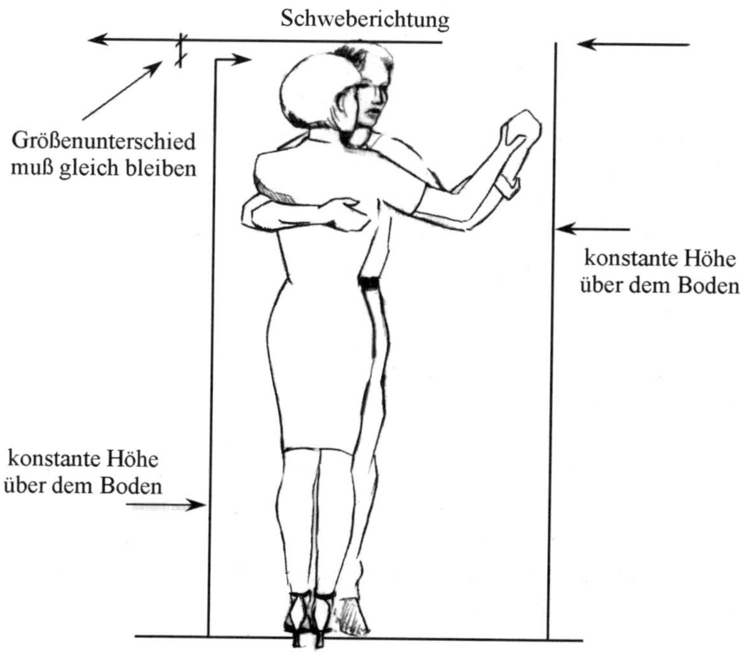

Wenn mein Partner zwecks Ausführung bestimmter Schritte oder irgendeiner Bewegung seine Körpergröße verringert, werde ich das gleiche tun, damit das Größenverhältnis unverändert bleibt.

Bis hierhin haben wir die "Außenwirkung" beschrieben. Betrachten wir nun die "innere Seite" und das heißt: wie jeder einzelne mit seinen Möglichkeiten darzu beiträgt, daß das Paar das Gefühl des Schwebens erhält. Zunächst ist zu betonen, daß zum Wunsch, den Körper in horizontaler Richtung zu befördern, der Wille gehört, dies zu tun. Sobald wir einmal gelernt haben, alle Spannungen über der Gleichgewichtsachse abzufedern und die Dissoziation der Körperstruktur korrekt herzustellen, werden wir uns nach und nach auch die Idee aneignen, uns im Raum so frei und geschmeidig wie möglich zu bewegen. Die Verlagerung des Körpergewichts darf nur allmählich erfolgen, d.h. das eine Bein übernimmt es genau in dem Maße, in dem es das andere Bein verläßt. So läßt sich eine ruckartige Bewegung vermeiden, die mit der Verringerung der Körpergröße einen choreographischen Akzent setzt, wodurch dann das Gefühl des Schwebens verloren geht. Ebenso wenig dürfen wir choreographische Spitzen erzeugen, d.h. uns über die imaginäre horizontale Linie erheben, die dem Dach jenes Aufenthaltszylinders entspricht, den wir in der Ausgangsposition etabliert haben. Gewöhnlich kommt es zu solchen Spitzen, wenn Tänzer besonders zu glänzen versuchen oder bei ihren Schritten "kleine Sprünge" vollführen.

Sobald uns dagegen mit dem Körper des Partners bzw. der Partnerin dieses harmonische Schweben gelingt, verlieren sich solche störenden Kräfte und Spannungen.

Bei der bisherigen Beschreibung der Techniken, der Behandlung von Besonderheiten und allen Erklärungsversuchen ging es uns darum, eine Vorstellung vom Modus des Tango zu vermitteln. Für dessen Gelingen ist, wie wir dabei festgestellt haben, die Beherrschung einer spezifischen Technik, d.h. einer bestimmten Art der Körperkontrolle Voraussetzung. Die Beine auf eine besondere Weise zu gebrauchen, ein Wechselspiel zwischen den Körpern der Tanzpartner herzustellen und deren Gleichgewicht bei der Fortbewegung im Raum zu bewahren - dies alles gehört zu dieser Technik.

Aber auch wenn man schon alle Techniken vollkommen beherrscht, sie in allen Einzelheiten korrekt verwendet, die Arme richtig hält, die Schwebefähigkeit erreicht usw., selbst dann fehlt immer noch etwas für das Gelingen des Modus.

Was ist dieses Etwas? Dem Tanz fehlt noch sein Charakter, sein Bezug auf das Symbolhafte und Rituelle in der Zeremonie des Tango und etwas ganz Grundlegendes: das Gefühl für den Tanz, das ich *Tanguidad* (Tangogefühl) nenne und mit dem die Empfindungen gemeint sind, die die Tänzer beim Tangotanzen haben und vermitteln. Für sein Verständnis hilft das französische Wort *charme*. Erst mit diesem Gefühl bzw. unserer persönlichen Interpretation der Dynamik des Tanzes wird es uns gelingen, den Modus zu vervollkommnen. Wie dies erreicht werden kann, davon soll in den folgenden Kapiteln die Rede sein. Aber zuvor wollen wir zusammenfassend festhalten: Der Modus des Tango besteht genau in der Summe von Technik und *Tanguidad*, und beide machen den Charakter des Tanzes aus.

KAPITEL III

DAS DRITTE VOLUMEN

Der Titel dieses Kapitels bezeichnet eine reale Tatsache, die die ästhetische Konzeption des Tango verändert und ihn in etwas verwandelt hat, das nicht einfach als Dynamik mit besonderen Merkmalen zu beschreiben ist.

Das dritte Volumen nimmt man bei der genaueren Betrachtung eines jeden Tanzpaares wahr. Zunächst werde ich seine physikalische Beschaffenheit beschreiben, um anschließend einige Gedanken zu seinem Wesen zu entwickeln.

Das Paar beginnt bereits bei der Umarmung in der Ausgangsstellung, ein Verhältnis zwischen drei gleichen Volumen zu dramatisieren, in die der obere Raum oberhalb der Gürtellinie aufgeteilt ist. Wir nennen ihn wegen dieser Eigentümlichkeit auch dramatischen Raum. Der Aufenthaltszylinder läßt sich also in drei Sphären unterteilen: den vom Körper der Frau eingenommenen Bereich, den vom Körper des Mannes ausgefüllten Raum und ein weiteres Volumen, das dem einer dritten Person gleichkommt. Dieses wird durch den Bogen der Arme - den linken des Mannes und den rechten der Frau, die sich an den Händen fassen - abgegrenzt. Seine Verlängerung reicht, wie die Graphik zeigt, bis auf den Boden. Anders als im allgemeinen angenommen, gibt es im Tango ein Spiel zu dritt, nicht bloß zu zweit, das Wechselspiel dreier Volumen, die sich durch den Raum und die Zeit bewegen.

DAS DRITTE VOLUMEN

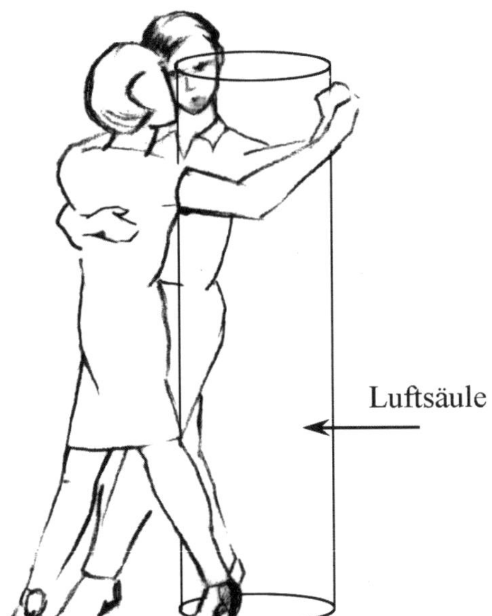

Wiederholt wurde auf die orthodoxe Auffassung vom Tango verwiesen, nach der der Mann befiehlt und die Frau gehorcht. Wir haben dagegen eine dreiphasige Beziehung entworfen, in der der Mann einen Vorschlag macht, die Frau diesen in der ihr gemäßen Weise ausführt und von hier aus ihrerseits dem Mann einen Vorschlag macht. Mit einer ebensolchen Triade haben wir es wiederum beim Umgang mit dem Raum zu tun, in dem sich nicht zwei, sondern drei Volumen bewegen.

So gelangen wir zu der Behauptung, daß im Tango stets ein Dreieck besteht. Das tanzende Paar erlebt sein existenzielles Drama, und dieses Drama des Tango besteht darin, daß es immer drei sind, die tanzen, nicht zwei. Zwischen dem Mann und der Frau gibt es wie gesagt ein Drittes. Was es ist, wissen wir nicht, können aber versuchen, es uns in körperlicher Gestalt vorzustellen. Oft sage ich scherzhaft, daß dieses dritte Volumen die kleine Alte ist, aber dies vielleicht doch nicht ganz im Scherz. Nicht zufällig kommt in vielen Tangotexten diese dritte Person in Gestalt der Mutter vor, dieser berühmten kleinen Alten aller Tangos. In der Verschränkung des Paares erleben wir von neuem diese Situation, uns im Körper eines anderen zu befinden. Die einzige vergleichbare Erfahrung hatten wir alle mit der Mutter. Diese Urerfahrung wird uns allerdings nicht bewußt, sondern ist in unseren Empfindungen bzw. der Empfindungs-Erinnerung präsent. Dieses Gefühlsgedächtnis ist es, das uns in Verzückung versetzt, wenn wir den Tango gut tanzen. Sofern diese Hypothese zutrifft, können wir die weitere Behauptung aufstellen, daß jeder Tänzer in dieser Technik sein Mutterbild zum Ausdruck bringt - und damit auch dessen Gegensatz, das Vaterbild.

Die erste Metamorphose im Leben besteht in der Lösung von der Mutter, und offensichtlich finden wir in allem Werden die Hand Gottes. Nichts ist phantastischer - im Sinne des Wortes Phantasie - als das Werden zu begreifen. Man spürt die Anwesenheit Gottes, besonders auf der Seite des Mannes, denn die Frau erlebt dies auf natürlichere Weise. Zugleich wissen wir, daß unsere Persönlichkeit in hohem Maße durch unsere ursprünglichen Beziehungen geprägt ist. Sobald wir in irgendeinem Moment unsere Rolle zu bestimmen wünschen, kommen all jene Faktoren ins Spiel, die an unserem Werden beteiligt waren und die in irgendeinem Maße unsere Fähigkeit oder Unfähigkeit, diese Rolle korrekt auszufüllen, mit hervorgebracht haben.

Ebenso möglich ist es, daß jenes Dritte nicht die Mutter, sondern eine andere Frau ist. Es könnte aber auch ein anderer Mann sein, vielleicht ein Liebhaber.

Möglicherweise handelt es sich nicht um eine Person, sondern um die Lebensumstände oder vielleicht um die Projektion eines von der Wirklichkeit abweichenden Ideals. Weiterhin können wir es uns als idealisierte Vorstellung der Paarbeziehung, die im täglichen Leben schwerlich so anzutreffen ist, denken. Schließlich wissen wir alle um unsere eigene Dualität: Wo sie mit der des anderen in Beziehung tritt, entsteht ein Spiel der Überschneidungen, die wir in dieses dritte Volumen projiziert finden.

Das einzige, was wir mit Sicherheit wissen, ist, daß dieses Dritte gegenwärtig ist, und zwar vor dem Mann, der ihm gegenübertritt, und neben der Frau, die ihre Stellung mit ihm teilt. Kein anderer Tanz kennt diese dramatische Triade, in der drei Volumen bewegt werden - das des Mannes, das der Frau und jenes dritte Volumen, das am Tanz des Paares immerzu beteiligt ist. Keiner der Partner möchte es verlieren, und alles, was das Paar mit seinem Tanz ausdrückt, hängt davon ab, wie es mit ihm umgeht. Wenn die Tanzenden das dritte Volumen reduzieren und sehr klein werden lassen, verlieren sie ihren dramatischen Ausdruck. Wenn das Paar sich frontal gegenübertritt, das Dritte ignoriert und erdrückt, ihm keine Bedeutung und keinen Platz einräumt, es also ausschließt, geht die für den korrekten Tango-Modus erforderliche Dramatik verloren. Wenn es den dritten Raum dagegen zu sehr vergrößert, wird die Dramatik größer als die Tanzenden, wodurch diese an Bedeutung verlieren, von jener verschlungen werden.

Im übrigen läßt sich feststellen, daß sich der Tänzer in allen Tänzen einer Reihe psychologischer Symbole bedient. Beim Tangotanzen bietet sich ihm die Gelegenheit, sich selbst zu begegnen. Dies wird ihm allerdings nur in Verbindung mit seinen Empfindungen gelingen. Vermittels seiner Sensibilität wird er beginnen, bestimmte psychologische Symbole zu benutzen und diese körperlich zum Ausdruck zu bringen. Bei anderen Tänzen finden wir dergleichen kaum, weil sie in räumlicher Hinsicht Einzeltänze sind. Sobald der Tangotänzer seine Empfindungen beherrscht, wird er sicher und stolz auftreten, weil er sich seiner selbst bewußt wird. Er empfängt nun vielfältige Sinneseindrücke, darunter auch sehr zarte, die von den Fußspitzen aus durch den ganzen Körper hindurch in sein Hirn gelangen und eine genaue Wahrnehmung seines Ich hervorrufen. Hier findet er auch den vollkommenen Ausdruck seiner Rolle in dieser Disziplin qualifizierter Körperbewegungen.

Der gesamte innere Vorgang findet seinen äußeren Ausdruck an einer ganz bestimmten Körperstelle, die die inneren Zustände reflektiert und sich in der

Mitte der Brust über dem Brustbein befindet. Wir wollen sie "Persönlichkeitszentrum" nennen. Wie ein jeder angesichts bestimmter Erlebnisse handelt oder sich äußert, hängt von diesem Persönlichkeitszentrum ab. Es zu verbergen, ist das erste Zeichen von Angst, das wir von uns geben. Das gilt für die Menschen ebenso wie für die Tiere. Umgekehrt heben wir es, wenn wir uns sicher fühlen oder um Sicherheit auszudrücken, auch wenn diese innerlich vielleicht gar nicht besteht. Das sehen wir beispielsweise bei den Kampfhähnen, aber auch bei den Soldaten, die sich in die Brust werfen, oder den Jungen, die sich im Spiel schubsen und zum Kampf herausfordern und dies mit den provokativen Worten "na, was ist los?" und der herausgedrückten Brust unterstreichen. Keiner traut sich, den anderen zu schlagen, aber sie machen sich so Mut und tun so als ob.

Je nachdem wie ich mit diesem Persönlichkeitszentrum umgehe, werde ich meiner selbst sehr sicher, weniger sicher oder direkt unsicher sein. Aus jener Zeit ist uns der geläufige Ausdruck *arrugar* ("zerknittern") überliefert. Das Zerknittern bezog sich auf das weiße Ziertaschentuch, das berühmte *Lengue*, das der Tangotänzer auf seiner üblicherweise dunklen Kleidung trug, um sein Persönlichkeitszentrum noch stärker hervorzuheben. Wir Argentinier benutzen das Wort "zerknittern" als Synonym für Angst, weil der Mann, wenn er Angst hatte, sein *Lengue* zerknitterte, ja versteckte, woher die Redensart stammt.

PERSÖNLICHKEITS-
ZENTRUM

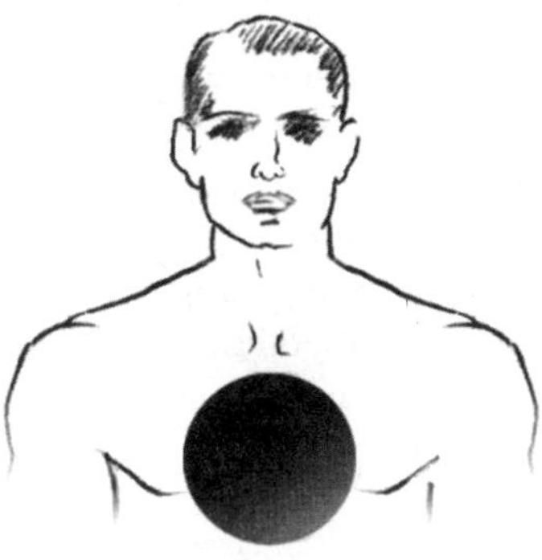

Im allgemeinen erlaubt sich der Tangomensch keine Unsicherheit, denn dieser Tanz ist ja vor allem ein Schautanz, in dem es darum geht, vor den Augen der Zuschauer zu demonstrieren, daß der Tänzer jede einzelne seiner Bewegungen beherrscht. Von diesem Glänzen wird ausführlich weiter unten die Rede sein; heutzutage kommt es noch in der Scham zum Ausdruck, den Tango nicht gut tanzen zu können. Hinsichtlich des Persönlichkeitszentrums sei schließlich darauf hingewiesen, daß der Blick, bevor er abgewendet wird, als Geste stets auf dieser Körperzone weilt. Erinnert sei auch an die Kinnlinie und den allgemeinen Gesichtsausdruck, von denen schon die Rede war.

Wenn also jeder Blick hiervon ausgeht, ist er schon insofern kein gerader Blick, sondern, sagen wir, um es auf einen Begriff zu bringen, ein bogenförmiger Blick. Der gerade Blick verliert sich außerhalb des Paares, und wer in gerader Linie blickt, verläßt damit schon das Paar, weshalb ein solcher Blick gegen den Modus des Tango verstößt. Erinnert sei auch daran, daß man nicht mit der Nase darauf verweisen soll, was man betrachtet. Denn dies machte jeden Blick zu einer Geraden. Der Blick muß mit anderen Worten, soweit er überhaupt nach außen gerichtet ist, in jedem Fall das Persönlichkeitszentrum streifen. Grundsätzlich ist der Tango-Blick ein bogenförmiger Blick, der innerhalb des Paares und auf das Paar bezogen bleibt.

Ohne Zweifel scheuen selbst Männer, denen es bei anderen Tänzen nicht viel ausmacht, einen Fehler zu begehen, eindeutig davor zurück, sich beim Tango durch schlechtes Tanzen zu blamieren. Denn der Tanz enthielt, wie schon bemerkt, immer ein hohes Maß an Konkurrenzverhalten. Dieses wurde sogar zu einem wesentlichen Bestandteil der Zeremonie. Entsprechend hoch wurde das tänzerische Geschick verehrt. Wann immer einer überdurchschnittlich gut tanzte, wurde aus dem Publikum gerufen, "laßt ihn allein", und dies um so mehr, wenn der offensichtlich beste Tänzer den Wettbewerb schon zu seinen Gunsten entschieden hatte. Die übrigen Tänzer bildeten dann einen Kreis, um ihm und seiner Partnerin die Tanzfläche zu überlassen. Das war eine Form, den Geist und die Seele des begabtesten Tänzers zu ehren. Vermutlich gibt es auf der Welt keinen anderen Tanz, in dem so viele Wettbewerbe und Meisterschaften durchgeführt wurden. Die Konkurrenz förderte zugleich die Verbreitung von Tanzschulen aller Art, Tanzlokalen und anderen Einrichtungen, in denen man sich darauf vorbereitete, vorzuführen was man konnte. Geübt wurde in den Höfen der Mietskasernen, an Straßenecken, auch unter Männern. In jedem Club und in allen Orten gab es Wettkämpfe um einen Pokal, eine kleine Trophäe, eine Würdigung. Beim Tango ging es immer darum, wer am besten tanzte. Bis in die 40er Jahre gehörte das Tangotanzen wesentlich zum Image, als Bewohner von Buenos Aires ein richtiger *Porteño* zu sein; es wurde unter anderem wichtiger genommen als das Steuerzahlen.

Kehren wir jedoch zur Frage des Dreiecks und der Triaden des Tango zurück. Die Zahl drei stellt im Tango eine Konstante dar. Auch wenn dies zu vielerlei philosophischen Bemerkungen einlädt, beschränken wir uns hier auf den

Hinweis, daß für die Griechen die Zahl drei Kinder bzw. Schöpfung bedeutete. Die Eins war der Mann, die Zwei die Frau und beide erzeugen die Drei. Das Tangotanzen ist ein kreatives Ereignis, und das veranlaßt diese Bemerkungen über die dem Tango eigene kreative Triangulierung bzw. Triade. Der Tango ist ein Tanz, der nicht a priori existiert - nicht einmal potentiell - sondern kreiert wird, d.h. im Moment seiner konkreten Gestaltung entsteht und sich in diesem Akt selbst verwirklicht.

Dreieck, eingeschrieben
in einen Kreis

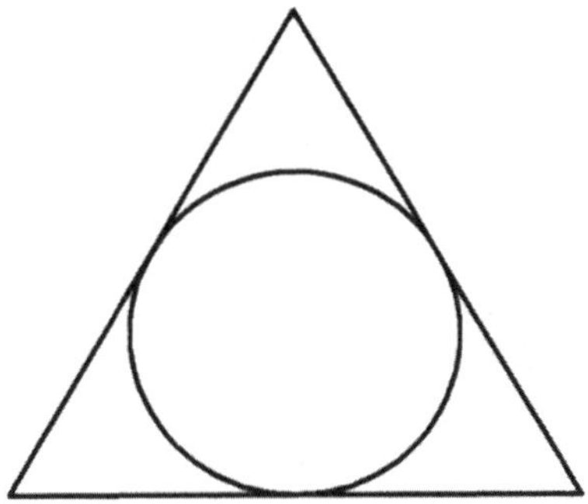

Kreis, einschrieben
in ein Dreieck

Jeder Kultur korrespondiert ein elementares, grundlegendes ästhetisches Konzept. Zu allen Zeiten gab es Perioden, in denen die Ästhetik der einen oder anderen geometrischen Figur entsprach und durch deren Zeichnung bestimmt war. In Ägypten beispielsweise herrschte seit der Verehrung des Sonnengottes Ra die Kreislinie vor, die als Grundfigur benutzt wurde. Heutzutage beruht unser Ästhetik auf dem Rechteck, und zwar von der Architektur mit ihren Gebäuden in Gestalt großer Blöcke und rechteckigen Fassaden bis hin etwa zur Mode mit der lockeren Kleidung, in der die Körperformen ihre Gestalt verlieren und wie in einen Kubus eingefaßt sind.

In der Epoche, in der der Tango entstand, fußte aller kulturelle Ausdruck auf dem Dreieck. Der Einfluß des Pariser Art Decó beherrschte die westliche Kultur. In der Mode wird dies am Stil der Vespentaille deutlich, der in Argentinien u.a. von dem Comic-Zeichner Divito geprägt wurde und sich auch auf den Tango-Tanzböden durchsetzte: Der Anzug war tailliert und hatte Schulterpolster, die Hose lief nach unten eng zu. Bei den Frauen wurden ebenfalls die Taille und ein üppiger Oberkörper betont. Daraus entstand eine neue Vorstellung von Eleganz: je dreieckiger die Kleidung wirkte, für um so eleganter wurde sie gehalten. Erinnern wir uns beispielsweise an die - freilich schon spätere - Eleganz von Evita mit ihrer typisch dreiecksförmigen Kleidung. So bemühten sich auch die Tangotänzer, das Dreieck, das der Eleganz der Epoche entsprach, in die Erscheinung des Paares einzuführen.

Schließlich ist darauf hinzuweisen, daß auch die Umarmung, deren Sitz ja nicht verändert werden darf, mit der Dreiecksform zu tun hat, insofern sie, wie wir noch sehen werden, selbst Dreiecke enthält und das Dreieck die einzige geometrische Figur darstellt, die sich nicht verformen läßt, weil alle Kräfte in ihrer eigenen Struktur aufgefangen werden.

In Bezug auf verschiedene Disziplinen und auch auf die Künste wurde oft der Frage nach den ästhetischen Vorstellungen jeweiliger Epochen nachgegangen. So etwa hinsichtlich der gestaltenden Künste und der Architektur. Beim Tanz dagegen wird die Ästhetik der Bewegung normalerweise kaum berücksichtigt, obwohl es sie immer gab und sie wie jeder künstlerische Stil der jeweiligen Zeittendenz folgte. Die Schnelligkeit und Weite der Bewegungen haben sich in direktem Zusammenhang mit den allgemeinen kulturellen Vorstellungen ihrer Zeit verändert. Diese Ästhetik der Bewegung entwickelt sich entsprechend der soziokulturellen Umstände permanent weiter. Von daher läßt sich kaum von einer zeitbeständigen Bewegung sprechen. Das gilt selbst für Schultänze, deren Techniken und Bewegungsmuster seit Jahrhunderten immer gleich übermittelt werden. Wenn wir heute im Film die *Pawlowa* den *Sterbenden Schwan* tanzen sehen, wirkt diese Art zu tanzen auf uns recht fremd und überholt, obwohl sie zu ihrer Zeit für besonders schön gehalten wurde. Zur Zeit der *Pawlowa* war der Zug das Schnellste, vielleicht eine Daunendecke das Weichste und ein Binsenrohr das Biegsamste. Sie bildeten folglich die Parameter der Geschwindigkeit, Weichheit und Biegsamkeit ihrer Bewegungen. Später kamen mit dem Gummi, dem Plastik und anderen Stoffen neue Maßstäbe für Weichheit und Flexibilität hinzu. Der Eindruck von Biegsamkeit, den etwa die Arme der *Plissetzkaja* erwecken, läßt an Gummi denken. Und wenn das Tempo der Gesten und Bewegungen der *Pawlowa* an eine Lokomotive erinnert, so erinnern uns die Bewegungen der *Plissetzkaja* an ein Geschoß. Alle Elemente, aus denen die Bewegung besteht, d.h. ihre Weite und Schnelligkeit, ihre Flexibilität oder Starrheit, sind also vollkommen verschieden. Aber ein jedes entspricht seiner Zeit.

In Bezug auf den Tango gilt *Cachafaz* weiterhin als der beste Tänzer. Aber Cachafaz war der Beste seiner Zeit, während uns die Art seiner Bewegungen heute lächerlich vorkommen würde. Wenn nun beim Tanz gewöhnlich nicht von der Ästhetik einer Epoche und ihrem Kontextbezug gesprochen wird, bedeutet das nichts anderes, als alles in einen Topf zu werfen bzw. an einem einzigen Vergleichsmaßstab zu messen, obwohl es einen solchen nicht geben kann, weil sich die Art der Bewegungen ja an die Kultur im weitesten Wortsinn anpaßt. Für die übrigen Künste gilt dies ganz selbstverständlich, da eine Bewegung aber im Moment vollzogen wird, bleibt von ihr keine Spur. Lediglich als Film und Fotographien sind uns Dokumente erhalten, auf denen wir die Gesten einer jeden Periode studieren können. Erst jetzt beginnen wir mit Hilfe dieser Dokumente, die Ästhetik des Tanzes in seiner Zeit zu entdecken. Es versteht sich, daß hierbei nicht von tänzerischen Figuren die Rede ist, sondern von der Art der Bewegungen, von der Bewegung an sich.

Dem Tangopaar ist eine so gänzlich eindeutige und strukturierte Ästhetik eigen, daß man selbst auf dem bewegungslosen Foto ohne Zweifel erkennt, daß hier Tango getanzt wird. Außer dem Modus des Tango verfügt jedes Paar über sein persönliches Siegel, das den Tanz prägt. Dieser individuell unterscheidbare Modus ist noch nicht der Stil. Unter Stil verstehen wir etwas, was über den individuellen Modus bzw. das persönliche Siegel hinausgeht. Jedes Tangopaar besitzt einen solchen persönlichen Modus, alle seine Reizempfindungen in Bewegungen zu übersetzen. Zum Stil wird der persönliche Modus aber erst, wenn er Anhänger findet, die ihn nachzuahmen versuchen. Das erst macht ihn zum Stil. Gewiß ist jeder Stil letztlich ein persönlicher Modus, doch wird deshalb noch längst nicht jeder persönliche Modus zum Stil. Zum Stil gehört mit anderen Worten eine solche Ausdruckskraft, die Nachahmer anzieht, die ihren persönlichen Modus an den Modus jener Person, die den Stil prägt, anzupassen versuchen. Das war bei *Cachafaz* der Fall oder auch bei *Tito Lusiardo*, die mit kleinen Kunstgriffen bzw. geringen persönlichen Modifikationen des Tango-Modus ihren Stil prägten.

An dieser Stelle sei angemerkt, daß es eine Klassifizierung von Stilen gibt, die stets für große Verwirrung gesorgt hat. Stilarten werden unter zwei Gesichtspunkten unterschieden: entweder nach der Technik oder nach dem Milieu des Tanzes. Gehen wir nach der Technik, können wir den schlichten Tango vom *Canyengue* und Cruzado (bei dem der Mann sich auf der linken Seite der Frau bewegt) u.a. unterscheiden. Handelt es sich um das Milieu, sprechen wir vom Salon-Tango, vom *Orillero* (der Vorstädte) oder vom

Phantasie-Tango (der Wettbewerbe) usw. Auf keinen Fall dürfen wir die beiden Bestimmungskriterien verwechseln, wenn wir Fehler vermeiden wollen.

Wenn wir uns nun erneut den Dreiecken zuwenden, so treffen wir im Tango viele von ihnen an. Sie sollen jetzt im einzelnen betrachtet werden. Die Umarmung ist rund, besteht aber aus einer Dreiecksstruktur; die Rundheit des Tango ist mit seiner Dreipoligkeit verbunden. Die Rede war auch bereits vom dritten Volumen im dramatischen Apparat (wegen der verdrehten Position in der Verschränkung) und daß die Verlängerung dieses Volumens bis auf den Boden das ergibt, was wir eine Luftsäule genannt haben.

VORDERANSICHT DES PAARES

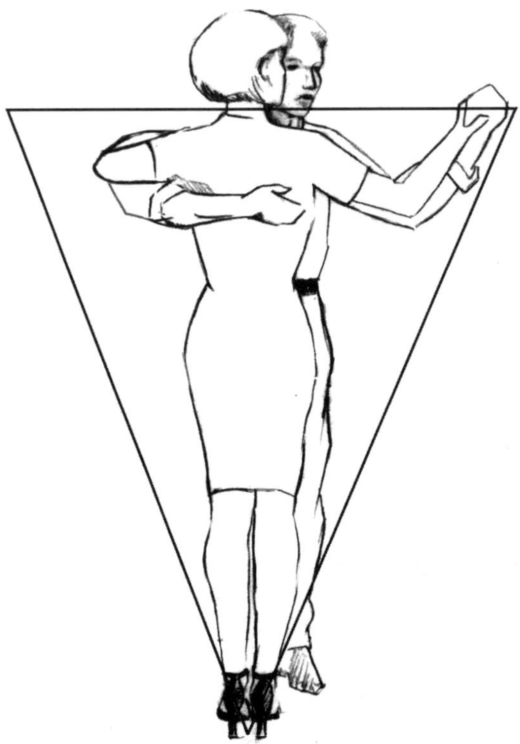

Triangulierung des Bildes

Sieht man das Paar von vorn - was gemeint ist, wenn man den Mann von vorne sieht -, so erkennen wir ein Dreieck von besonderer Art: Es steht auf dem Kopf, ruht auf dem Scheitelpunkt, was den Eindruck eines labilen Gleichgewichts vermittelt. Man könnte meinen, daß das Paar nur nicht fällt, weil es gleichermaßen schwebt. Dieses große umgekehrte Dreieck umschreibt das Paar mit seiner Grundseite auf der (von den Armen verlängerten) Linie der Schultern und seinem Scheitelpunkt in den Füßen. Das umarmte Paar ist also in ein Dreieck eingeschlossen, und dieses Dreieck verläßt seinerseits niemals den Aufenthaltszylinder, in dem sich diese Körper durch den Raum bewegen. Die runden Formen können dem Dreieck eingeschrieben sein oder es umschreiben.

Wenn wir das Paar im Profil betrachten, sehen wir zwei Dreiecke: Das größere besteht ebenfalls aus dem Schultergürtel und endet in den Knien, während das andere Dreieck von den Knien zum Boden reicht und das Fundament bildet.

ANSICHT DES PAARES IM PROFIL

Triangulierung des Bildes

ANSICHT DES PAARES IM PROFIL

Dreieck mit dem Scheitelpunkt
oben (unkorrekt)

Durch die Gleichgewichtsachse des Paares verlaufen wie durch jede andere Linie unzählige Flächen. Hier beschränken wir uns auf die beiden wesentlichen Schnitte, die uns eine Vorder- und Seitenansicht des Paares bieten, weil wir damit eine ausreichende Bezugsvorstellung erhalten und mit den beiden annähernd senkrechten Ansichten erreichen, die Struktur aufrechtzuerhalten.Die Schnittlinie beider Ebenen ist die Gleichgewichtsachse des Paares, die Mitte des Tanzzirkels und das Zentrum des Aufenthaltszylinders.

Im Hinblick auf die Bewegungsmechanik und den Modus des Tango läßt sich beobachten, daß von der Gürtellinie an aufwärts prinzipiell offene Positionen eingenommen werden, unterhalb der Gürtellinie dagegen nur geschlossene Positionen.

EBENEN INNERHALB DES
AUFENTHALTSZYLINDERS

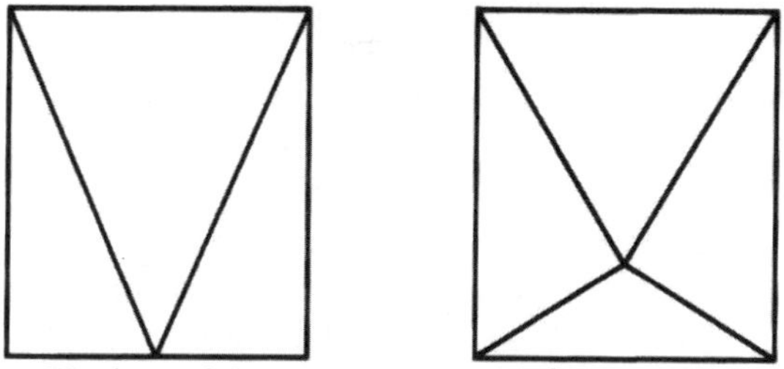

Vorderansicht Seitenansicht

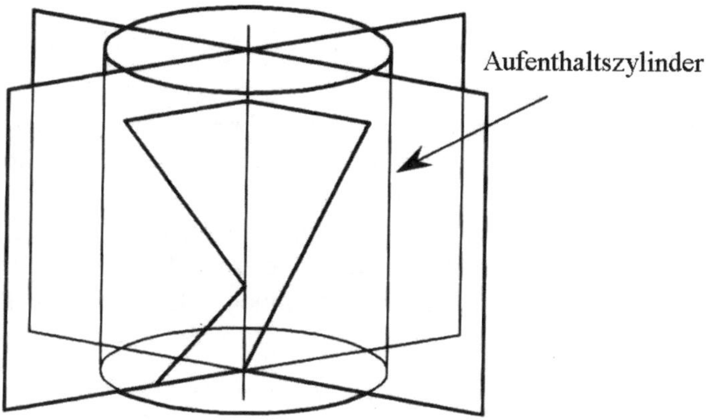

Um unsere Körperstruktur zu kontrollieren, und zwar einerseits in ihrem anatomischen Aufbau (mit dem Kopf auf dem Oberkörper zwischen den Schultern, dem Oberkörper oberhalb der Hüften, den Hüften über den Beinen und diesen über den Füßen) und andererseits in ihrer räumlichen Beziehung zum Partner und zur Umgebung, bedienen wir uns eines Lots, wie es die Maurer benutzen, also eines Fadens mit einem Gewicht an einem der Enden. Nehmen wir den Faden in den Mund, muß das Gewicht auf dem Brustbein aufliegen und der Faden die Schulterlinie genau in der Mitte schneiden. Das Lot muß stets an der Brust anliegen und, in der Verlängerung zum Boden, zwischen unsere Füße fallen. Ebenso muß es bei meinem Partner sein, und das Lot von beiden muß den gleichen Abstand zur Zentralachse des Paares wahren.

Es versteht sich, daß es sich hierbei um einen Idealzustand handelt, der sich mit der Dynamik des Tanzes und der körperlichen Beziehung zwischen den Partnern modifiziert. In der Bewegung vollführt das Lot ein Pendelspiel und schwingt bei der Verlagerung des Körpergewichts von einem Fuß zum anderen.

Auf die Körperbeziehung der Partner wirkt sich wiederum auch deren Größe und Volumen aus. Überhaupt sprechen wir eben von einem Idealzustand, der sich jeweils an die Realitäten und Umstände während des Tanzes anpaßt. In dem Maße aber, in dem wir uns immer des Lots bewußt sind, wird es uns leicht fallen, eine aufrechte und elegante Haltung zu bewahren, d.h. uns korrekt auf unsere Knochenstruktur zu stützen und folglich zur Bewegung weniger Muskelkraft zu verwenden. Außerdem werden wir so nicht in den oberen Raum eindringen, was die Verständigung im Wechselspiel der Partnerbeziehung erleichtert.

Aber damit ist noch nicht alles gesagt.

In der Umarmung selbst entstehen zwei Dreiecke, und eben diese Dreiecke konstituieren die Partnerbeziehung. Schon die Tatsache, daß die Tanzenden sich während der meisten Zeit verdreht gegenüberstehen, schafft ein Dreieck, das einen Scheitelpunkt in der rechten Schulter des Manns und der linken Schulter der Frau hat, den zweiten in der linken Schulter des Mannes und den dritten in der linken Schulter der Frau. Dieses innere Dreieck nennen wir das obere Dreieck.

DREIECKE DER UMARMUNG

Dieses obere Dreieck innerhalb des Paares bildet eine parallele Ebene zum Boden.

DREIECKE DER UMARMUNG

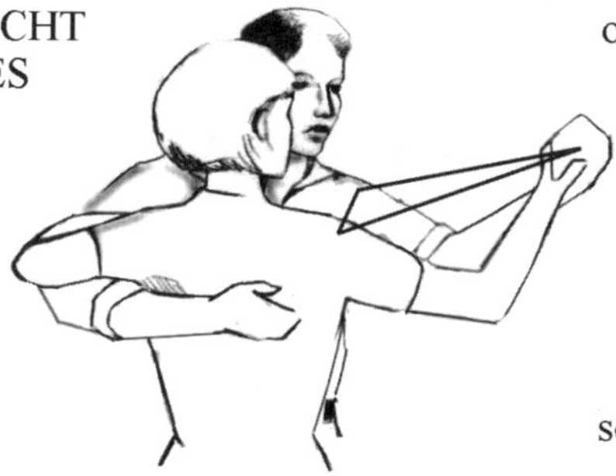

Außerdem gibt es ein oberes äußeres Dreieck der Umarmung, dessen Basis in der Verbindungslinie zwischen der linken Schulter des Mannes und der rechten Schulter der Frau besteht und dessen Scheitelpunkt in den gefaßten Händen liegt. Dieses Dreieck bildet eine schräge Ebene und ist leicht zur Seite des Mannes hin verzogen, weil die gefaßten Hände sich stets etwas mehr auf seiner Seite befinden (siehe oben, S.51).

DREIECKE DER UMARMUNG

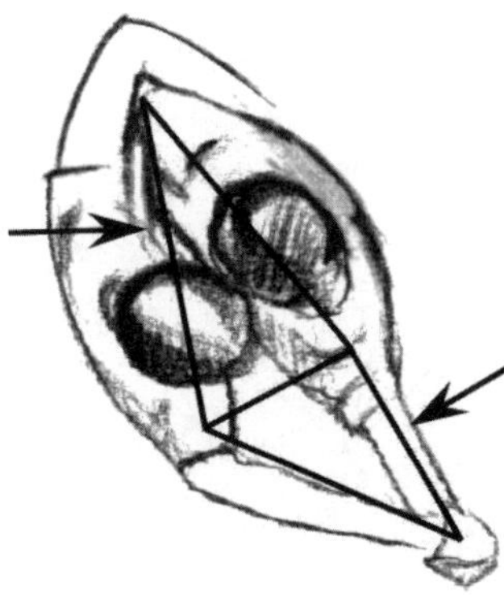

Seinerseits formt nun der linke Arm des Mannes zwischen der Hand, dem Ellenbogen und der Schulter ein Dreieck, welches wir das obere Dreieck des Mannes nennen. Das gleiche gilt für die Frau, was auf der folgenden Seite abgebildet ist.

Der linke Arm des Mannes bildet zugleich zwischen dem Arm und dem Körper ein weiteres Dreieck, das untere linke Dreieck des Mannes. Auf der anderen Seite entsteht in der gleichen Weise ein unteres rechtes Dreieck.

DREIECKE DER UMARMUNG

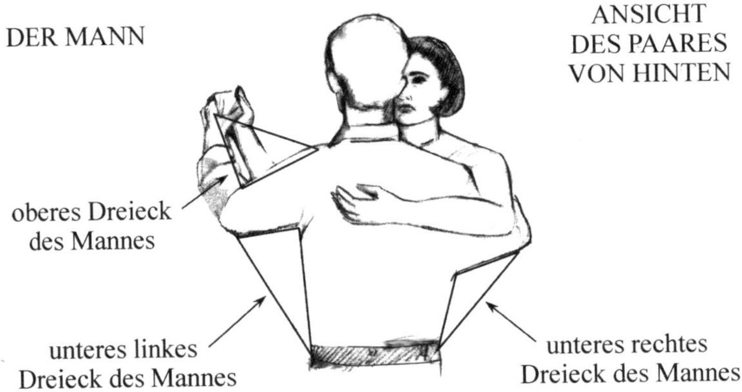

Die Frau stellt mit ihren Armen die entsprechenden Dreiecke her, ein oberes und zwei untere.

DREIECKE DER UMARMUNG

Alle unteren Dreiecke zusammen bilden die Basis für den auf Seite 57 dargestellten oberen horizontalen Kreisbogen.

Soweit bisher von Dreiecken die Rede war, handelte es sich um ebene Figuren. Linien wurden immer in einer zweidimensionalen Sicht des Paares gezogen.

Wenn ich nun das umgekehrte Dreieck der Vorderansicht des Paares von Seite 94 drehe, entsteht ein Kegel. Dieser Kegel stellt das Volumen dar, das durch die Drehung der Fläche entsteht. Nun ist es durchaus einfach, sich das Paar und das, was sich vor oder hinter dem Partner befindet, in einer Fläche vorzustellen, aber es ist äußerst schwierig, ein Gefühl für das Volumen des Paares zu bekommen.

DER TANZ-KEGEL

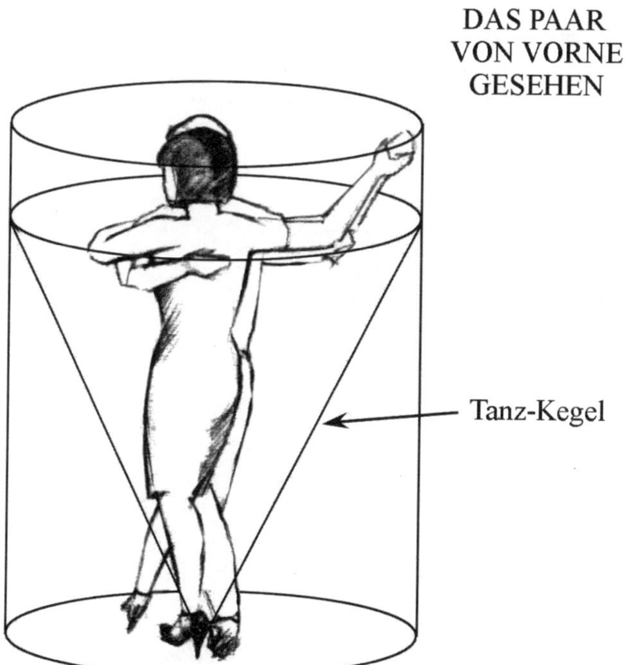

Auf der Suche nach einem Bild von uns selbst betrachten wir normalerweise unsere Vorder- und Rückseite. Dabei haben wir das Gefühl, daß wir sind, was man von uns von außen wahrnimmt. Im allgemeinen leben wir im Bewußtsein dieser Wahrnehmung von der Haut nach außen.

Sobald wir aber ein Gefühl für den Körper, das Volumen und die Struktur bekommen, entdecken wir, daß zwischen dem vorne und hinten wir uns selbst befinden. Und indem wir uns dieses eigenen Raums zwischen dem, was vor und hinter uns ist, bewußt werden, erkennen wir auch die entsprechenden Dimensionen des Partners.

Der erwähnte Kegel entspricht also dem Dreieck der Vorderansicht des Paares, wenn es im Aufenthaltszylinder gedreht wird. Dessen Umkreis wiederum ist identisch mit dem Tanz-Zirkel des Paares.

Der Kegel sitzt auf der Kreismitte, auf der auch die Gleichgewichtsachse ruht. Er kann sich auf zweierlei Weise bewegen: er kann sich auf der Stelle drehen oder (mit oder ohne Drehung) durch den Raum bewegen. Darin ist die gesamte Gestaltung des Tango enthalten, und darin liegt aus meiner Sicht die Einheit seiner Ästhetik und Form.

DAS PAAR IM PROFIL

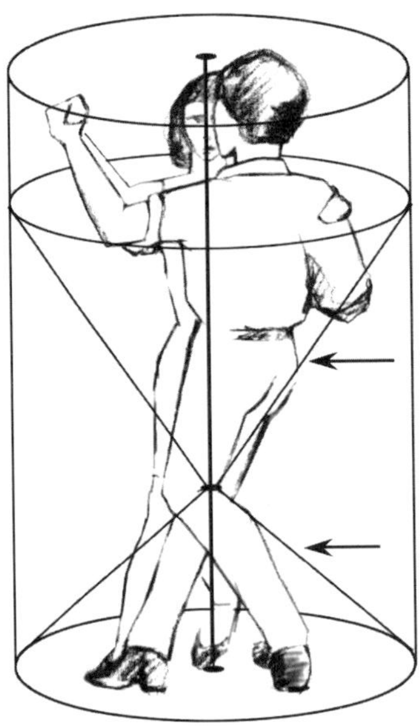

Wenn wir das Paar im Profil betrachten und uns eine Drehung der beiden Dreiecke vorstellen, erhalten wir das entsprechende Ergebnis: Das größere Dreieck erzeugt einen umgekehrten Kegel mit der Spitze in den Knien, und das kleinere einen Kegel mit der Spitze in den Knien und dem Boden als Grundfläche.

DIE RÄUME DES PAARES

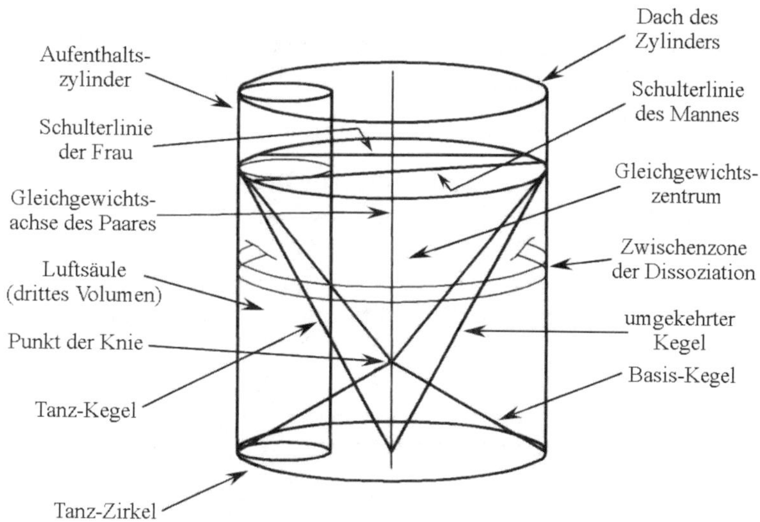

Damit uns diese ganze Technik gelingt, müssen wir auf die beschriebenen Dreiecksstrukturen achten, dabei aber auch folgendes berücksichtigen: Alle Erläuterungen zum Raum und Aufenthaltszylinder, zu den Linien und zum Sinn des Schwebens wie auch zu diesen Dreiecken beruhen auf der Beobachtung des Tango-Modus, stellen aber zugleich Hilfen zur Selbstkorrektur dar. So gewiß jede Dynamik des Tanzes, jede Fortbewegung im Raum eine Ermüdung mit sich bringt, können wir solche Verformungen in unserer Haltung und Umarmung durchaus während des Tanzes korrigieren, sofern wir einen Maßstab hierfür suchen. Die Vergegenwärtigung jener Regeln, die intellektuelle Kriterien darstellen, erleichtern uns die Selbstkontrolle in Bezug darauf, ob meine Position richtig oder falsch ist und ich mich korrekt oder unkorrekt verhalte. Wenn ich auf meine Hand schaue und dabei kein Dreieck feststelle, weiß ich, daß meine Haltung falsch ist. Die technischen Regeln, die wir aus der

Beobachtung des Tango und seines Modus ableiten können, dienen - mit anderen Worten - dem Tänzer als Richtlinien seiner Selbstkontrolle, die ihm anzeigen, ob er sich im Rahmen des Tango-Modus bewegt.

Bis hier haben wir vor allem tänzerische Konzepte dargestellt und dabei den Versuch unternommen zu erläutern, was sich ereignet, wenn wir einen Tango seiner Ästhetik gemäß tanzen, welche räumlichen Maßstäbe innerhalb des Paares und beim Tanz zu beachten sind, mit welchen Techniken die Kontrolle des Gleichgewichts und das Schweben erreicht werden, wie uns die Wechselbeziehung gelingt und worin sie besteht usw. Dabei gingen wir von der Vorstellung aus, daß es sich beim Tanz um ein Spiel mit dem Gleichgewicht in Zeit und Raum handelt.

AUFSICHT DES
AUFENTHALTSZYLINDERS

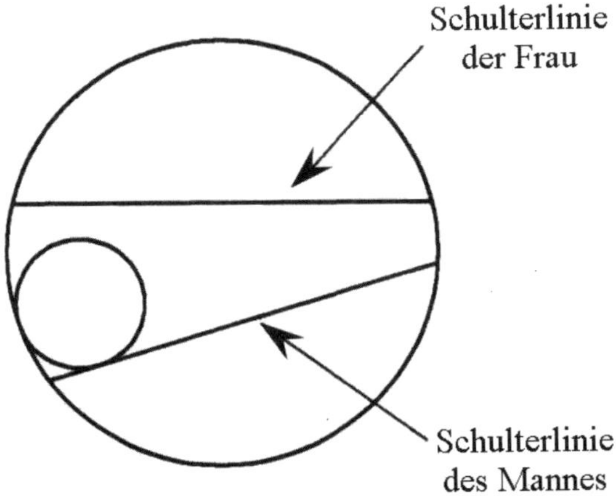

Im folgenden soll nun vom Sinn der Freiheit die Rede sein, in dem dieser Tanz entstanden ist und den er seinem Wesen nach beibehalten hat.

KAPITEL IV

DIE HEFTIGE SEHNSUCHT NACH FREIHEIT

Der Tango ist ein seltsam einmaliger Tanz. Damit ist gemeint, daß er in der kulturellen Entwicklung einem Sprung ins Ungewisse gleichkam. Das schon Geschaffene zu verändern, ist viel einfacher, als Neues zu schöpfen, und schöpfen setzt außer kreativer Fähigkeit eine ganz bestimmte Haltung voraus. Schon das bloße Registrieren des Modus als bestimmendem und der Form als qualifizierendem Faktor oder des Fehlens der potentiellen Form (siehe Ausdrucks-Apparat) und der Improvisationstechnik führt uns zu der Feststellung, daß der Tango sich von allem Bisherigen unterscheidet. Wir dürfen dabei nicht vergessen, daß die Menschen, die diesen Tanz formten und ihm allmählich Konturen verliehen, sich gegen die gesamte Kultur und Gesellschaftsstruktur auflehnten. Diese Haltung beinhaltete ein intensives, vehementes Verlangen nach Freiheit, getragen von dem Gefühl, an nichts und niemandes Vorschriften gebunden zu sein. Auf der Suche nach Freiheit wird die Selbstbestimmung desen, "was" und "wie" etwas zu tun ist, zum Grundthema. Hierin liegt ein großer Unterschied zu Prozessen in anderen Kulturen: Auch in ihnen gab es eine Diversität sozialer Gruppen, die unter Druck und in Armut lebten und unter Kriegen oder Naturkatastrophen litten, und doch fand all dies keinen Niederschlag in ihren Tänzen. Es gab auch heimatlose Völker, die alles erlitten, was man nur erleiden kann, und doch blieben ihre Tänze unverändert; sie tanzen heute wie schon immer, nach feststehenden Regeln. Was sich in Buenos Aires ereignete, ist davon völlig verschieden. Dabei ist zu betonen, daß jegliches körperliche Wagnis, das Menschen absichtlich eingehen, ein Wagnis im Denken einschließt.

Der Tango ist ein Beispiel einmaliger Tanzkunst, und in der Geschichte des Tanzes stellt er die letzte große Weiterentwicklung dar. So läßt sich behaupten, daß die Entstehung des Tango zur universalen Kultur einen nicht unwichtigen Beitrag geleistet hat im Sinne eines Ausdrucks der menschlichen Bemühung um die eigene Vervollkommnung und Anpassung an die von der Realität gezogenen Grenzen. Im Tango finden wir die höchste Perfektion, die den Menschen jener

Zeit für ihre Selbstverwirklichung zur Verfügung stand, und diese wurde in Buenos Aires von einem bestimmten gesellschaftlichen Sektor hervorgebracht.

Die erste Tangogeneration war mit einer schöpferischen Kraft begabt, die allen Beteiligten ein neues Gefühl ihrer Menschenwürde und die Empfindung einer wunderbaren Freude vermittelte. Diese Zeichen wahrzunehmen, war gleichbedeutend mit der Entschlüsselung der unsichtbaren Botschaften aus den Tiefen des kollektiven Empfindens, die sich unserer Kenntnis entziehen.

Dieses kollektive Empfinden durchbrach dank seiner Kraft die Schranken der Epoche, der erlernten Geschmacksnormen, der Gebräuche und Gewohnheiten und verschaffte sich so den Raum für eine großartige Schöpfung, die zugleich das Heraufkommen neuer Werte und Ideen für den zivilisatorischen Prozeß ankündigten.

Die neue Symbolik wurde von der Gesellschaft spontan akzeptiert und angeeignet, was ihre Weiterentwicklung begünstigte. Die Bevölkerung besaß die Fähigkeit, die Anhänger des Tango-Rituals zu differenzieren, zu vertreten, zusammenzuschließen und auch in ihre Grenzen zu verweisen. Vor allem aber verfügten die, die die neuen Regeln des Tanzes erschufen, einerseits über den Mut, das Gesicherte der Vergangenheit hinter sich zu lassen, und andererseits über das Bewußtsein ihrer notwendigen Suche nach einer neuen Identität als gesellschaftlicher Sektor. Daher war die Suche nach Freiheit zugleich ein Motiv und ein Zweck des Tango. Sein Wesen und Antrieb war die Freiheit, das gemeinschaftliche Handeln selbst zu bestimmen.

Wenn vom Tango gesagt wurde, er sei der tiefgründigste Tanz der Menschheitsgeschichte, so liegt diese Tiefgründigkeit in nichts anderem als in der existentiellen Frage der Freiheit. Kein anderer Tanz in der Verbindung von Mann und Frau hat in seiner Konzeption so edle und wahre Werte des Menschen in solcher Klarheit zum Ausdruck gebracht. Im einzelnen können wir feststellen, daß mit dem Tango die freie Verfügung über die räumliche Entfaltung des Tanzes eingeführt und den Tänzern die choreographische Gestaltung im Verhältnis zum musikalischen Takt und Tempo überlassen wurde, die entsprechend der subjektiven Empfindung des musikalischen Impulses variiert werden durfte und sollte. Dabei handelt es sich um die Relativität unserer Existenz in Zeit und Raum, aber die Frage wurde aus der Sicht der Freiheit des Einzelnen aufgeworfen, sein persönliches Verhalten zu bestimmen.

Wenn der Tango als einziger volkstümlicher Paartanz innerhalb der Möglichkeiten des Tanzes auch die Alternative anbot, nicht zu tanzen, dann drückte sich darin auch eine Dimension von Freiheit aus: daß nämlich freie Menschen in der Lage sind, "nein" zu sagen, was sie von Sklaven unterscheidet, denen nichts anderes als das "ja" blieb.

Auch wenn von Improvisation die Rede ist, geht es zugleich um Freiheit. Die Entwicklung des Tanzes ohne zeitliche und räumliche Bindung der Bewegung bedeutet eine permanente Herausforderung an die Kreativität wie in einem ununterbrochenen Spiel. Das Fehlen von im voraus festgelegten Tanzschritten und Verlaufsalternativen verschafft uns Freiheit in ihrer höchsten Form: Freiheit als Spiel, als intelektuelle Herausforderung und als Wagnis der Darstellung der Empfindungen einer Bevölkerung oder Gruppe, die sich um einen Ausdruck jenseits der Worte bzw. Sprache bemüht.

Die für den Tango bestimmende raum-zeitliche Dynamik ist schließlich das Resultat sozialer Ursachen und Zeitumstände. Seine Ästhetik beruht auf der vielgestaltigen Verschmelzung von Wahrheiten und Lügen, die sich in dem tänzerischen Vorgang niederschlagen. Unter den Zwängen und Bedrückungen, die den Tango hervorbrachten, ist vor allem die Entstehung eines neuen, bis dahin nicht existieren sozialen Substrats und Völkergemischs hervorzuheben. Es scheint fast logisch, daß dieses für sich eine gemeinschaftsstiftende Identität suchte, was schließlich im Tango seinen Ausdruck fand.

Wenn wir diesen Gedanken weiter verfolgen, kommen wir zu dem Ergebnis, daß der Tanz seinen Charakter jenem sozialen Druck verdankte und selbst das Ventil dieses Drucks darstellte oder - mit anderen Worten - das Instrument, mit dessen Hilfe eine bestimmte, in sich heterogene Bevölkerungsschicht sich ausdrückte und etwas mitteilen konnte, was das Gesetz, die Umstände, Traditionen und Gebräuche in anderer Form nicht zuließen. Innerhalb dieses rituellen Charakters bildete die Suche nach Identität den entscheidenden Faktor, der den Tango hervorbrachte und diesen gewissermaßen zum Blitzableiter werden ließ.

Zur Zeit der Entstehung des Tango wuchs in der Nähe der Stadt und um sie herum, d.h. in den Vorstädten eine Bevölkerung, die Menschen zweierlei Herkunft anzog. Ein Sektor kam aus dem Landesinneren, vom Land; das waren unsere berühmten Landsleute, die *Gauchos* genannt wurden. Der *Gaucho* band sich an kein Gesetz, war praktisch ein Nomade und seinem Wesen nach ein freier Mensch. Er lebte unter beständigem Druck und rebellierte ebenso beständig gegen die Unterdrückung, gegen das Gesetz, gegen die Richter und auch gegen die indianische Bevölkerung. Sein Lebensstil war allen Normen genau entgegen-gesetzt. Er paßte sich an die indianische so wenig wie an die weiße Bevölkerung an und lebte auf seine Art. Er kannte eine Ordnung, die sich aber von der herrschenden unterschied. Er hatte seine eigene Sprache, seine Ehre und edle Gesinnung, die aber immer im Gegensatz zur Norm stand. Seinen Inbegriff fand er in der meisterhaften literarischen Figur des *Martin Fierro* von José Hernández.

Seit der Mitte des vergangenen Jahrhunderts wurde damit begonnen, das Land einzuzäunen. So konnte die Landbevölkerung ihr Leben nicht auf der bisherigen Grundlage fortführen, im Land umherzuziehen und sich von wildwachsenden, herrenlosen Tieren zu ernähren. Diese Tiere hatten mit einmal Besitzer, das Land verwandelte sich aus dem Naturzustand in Privateigentum. Und da den Menschen so ihre bisherige Subsistenzgrundlage entzogen wurde, wandten sie sich notgedrungen der Stadt zu, um hier schlicht eine Überlebens-chance zu finden. Zugleich suchten sie hier die Anonymität, die sie in ihrem früheren Leben gewohnt waren. In der Vorstadt, die mit der Zeit und dem urbanen Wachstum Stadtteil genannt wurde, fand er diese Anonymität, die die großen Zusammenballungen von Individuen bieten. Anzumerken bleibt, daß es nicht nur eine, sondern zahlreiche Vorstädte gab und daß diese in dem Maße, in dem die Stadt wuchs, immer weiter an die Periferie abgedrängt wurden.

Der andere Sektor, der den Tango beeinflußte, bestand aus den Einwanderern, die aus Europa mit dem Versprechen auf bebaubares Land angelockt wurden. Sieben Tage lang blieben sie in den sogenannten Immigranten-Hotels, solange gab man ihnen Unterkunft und Verpflegung. Danach wurden sie auf die Straße geworfen, denn schon kam das nächste Schiff an. Diese Menschen waren so aus der Bahn geraten wie die, die vom Land kamen. Ihnen fehlten Identität und Boden so sehr wie jenen. Auch sie stammten vom Land, in ihrem Fall dem europäischen, waren in eine unbekannte Stadt gelangt und kannten noch nicht einmal das städtische Leben. Folglich schlossen sie sich zunächst möglichst eng an Orten zusammen, die sie später als ihre eigenen betrachteten, und das waren die Vorstädte. Ein ähnlicher Prozeß fand zu dieser Zeit im vorindustriellen bzw. sich industrialisierenden Europa am Rande der großen Städte statt.

Bezüglich der Einwanderer verdient ein Detail, erwähnt zu werden: Die ersten, reinen Immigranten waren die berühmten *Cocoliches*. So wurden die italienischen Einwanderer genannt, die ein Gemisch von Italienisch und

Spanisch sprachen. Sie tanzten den Tango auf ihre Art. Ihre Kinder verleugneten aber total ihre elterliche Herkunft und erklärten sich für Einheimische, ohne daß es ihnen gelang, mit diesen recht vertraut zu werden. Beiden Gruppen von Zuwanderern der Städte fehlte das Land, und beide wurden von den Bewohnern des Zentrums marginalisiert. Die einen galten so fremd wie die anderen. Hieraus enstand ein Prozeß von grundlegender Bedeutung. Der Schlüssel zu seinem Verständnis liegt darin, daß dieser neue Sektor weder eine Vorgeschichte noch die Fähigkeit zur Selbstbestimmung besaß. Was von ihm also zuerst gesucht wurde, war eine Gruppenidentität, ein, Symbol, in dem man sich erkennen konnte, das dem Leben einen Sinn verlieh und es erlaubte, sich einer Gruppe zugehörig zu fühlen. Denn jedes Individuum definiert seine Identität durch seine Gruppe.

Mit dem identitätsstiftenden Symbol verbindet sich das Ritual. Das Ritual des Tango vollzieht sich, wo er getanzt und vom Volk geformt wird. Die Rituale ihrerseits helfen dem Zusammenschluß, der Vereinigung vieler zu irgendeinem Zweck. Es bleibt nicht bei individuellen Ritualen und Zeremonien. Alle Symbolik wird vielmehr erst zum Ritual, sobald sie Menschen zusammenschließt und zu gemeinsamen Zeremonien veranlaßt. Die Symbolik des Tango liegt im Tanz, und dieser wiederum ist die rituelle Zeremonie des Volkes.

Jenes ursprüngliche soziokulturelle Bedürfnis besteht heute nicht mehr, aber das kollektive Unbewußte vollbringt das wundersame, langsame und unsichtbare, aber beharrliche und beständige Werk der Übermittlung einer Idee, eines Stils, einer Modalität oder anderen Eigentümlichkeit von einer Generation zur nächsten, auch wenn die Zeitumstände sich ändern. Um dem Tango gerecht zu werden, muß der Tänzer sich den soziokulturellen Kontext seiner Entstehung vergegenwärtigen und seinen Modus beibehalten; andernfalls entfernt er sich vom Tango als Ausdruck einer sozialen Gruppe und deren Identität. Daraus folgt, daß am Ende die Einhaltung eines korrekten Modus wichtiger wird als die einer korrekten Form.

Wenn wir irgendeinen beliebigen Bewohner von Buenos Aires mittags an der historischen Straßenecke von Corrientes und Florida sehen, wie er um einen Kaffee bittet, so haben seine Gesten gar nichts besonderes an sich, aber wenn wir ihm am selben Abend in einem Tanzlokal begegnen, werden seine Bitte und Haltung vollkommen anders sein. Warum? Weil er hier mit den Symbolen seiner Identität verbunden ist und Teil dieses Modus, dieses Rituals des Tango wird. Der Tango war eben genau der Ausdruck - und das Tanzen die dynamische Form dieses Ausdrucks - der Suche und Sehnsucht einer unterdrückten Bevölkerungsschicht nach Freiheit, worin sie zugleich ihre kollektive Identität fand. Die Männer und Frauen jener Zeit nahmen die Tanzpositionen sehr genau ein, um damit ihre Gruppenzugehörigkeit zu erkennen zu geben. Der Tango ist mit anderen Worten ein Ergebnis der Suche nach grupaler Definition, was in Bezug auf den Tanz eine Vielzahl von Codes, eine Technik und andere Schlüsselelemente implizierte.

Ebenso entwickelte dieser soziale Sektor seine eigene Sprache, die später *Lunfardo*, d.h. Slang genannt wurde. Zu seinen Eigenheiten gehört, in deutlicher Abgrenzung von der Sprache der Innenstadtbewohner, die Manier, die spanischen Worte bzw. Silben umgekehrt auszusprechen, und dies gerade, um mit dem Mittel der Umkehrung der sprachlichen Regeln Opposition auszudrücken. Das Bedürfnis und die Suche nach Identität führte zu einem von der übrigen Bevölkerung vollkommen verschiedenen Verhalten, zu einer stolzen, prahlerischen Haltung des sich Vorzeigens. Dies entsprach einer Lebensart, die zu jenem Image des *Porteño* beitrug, demzufolge er fortwährend "allein ist und auf etwas wartet".

Vor allem als Tanz besitzt der Tango einen sehr spezifischen Charakter. Gewiß haben alle Tänze ihre Besonderheit. Es gibt Tänze für Feste, religiöse Tänze und wieder andere, die dem Liebeswerben dienen. Die Festtänze etwa sind extrovertiert und unterhaltsam. Auf den Tango trifft eigentlich keines dieser Merkmale zu, sein Charakter erklärt sich auf anderer Ebene. Er enthält eine vielfältige Symbolik, aber vor allem ist er ein introvertierter Tanz, der den Partner mit großer Sensibilität auffängt. Leztere erklärt vielleicht viele der zur Form gehörenden Elemente.

Als städtischer Erbe unseres Kults auf den Mut der *Gauchos* erschuf der *Porteño* die Figur des *Compadre* (Pate und Freund) in all seinen Varianten des *Compadrito* (Kumpel), *Guapo* (Messerheld), *Malevo* (Gauner), *Matón* (Raufbold) usw. Vom *Gaucho* erbte der Tango auch die Techniken der Schau beim Tanz. Nachdem dieser schon von der Stadt geprägt war und seine frühere Lebensweise verloren hatte, fand er im Tango eine neue Ausdrucksmöglichkeit, sich zu brüsten. Was vormals seine Form war, sich auf dem Pferd und im Kampf mit blanken Waffen, Körper an Körper, zu beweisen, suchte er nun im Tango. Von hier bezog der Tango seinen Charakter des Wettbewerbs und der Schau. Die Art des Schwebens ist eines dieser Schauelemente, die der Tango vom *Gaucho* übernommen hat, der es auf zweierlei Weise praktizierte: (a)

Während er ritt, arbeiteten seine Beine in der Weise, daß der Oberkörper des Reiters sich stets parallel zum Boden bewegte. Das können wir besonders bei jenen "Ringstechen" beobachten, die den Gipfel des Reiterwettbewerbs darstellen: Die Schultern bewahren eine perfekt horizontale Linie und bewegen sich weder nach oben, noch nach unten. (b) Beim Kampf mit blanken Waffen geschah das gleiche. Es galt, eine gedrehte Stellung beizu-behalten, um die geringstmögliche Angriffsfläche zu bieten, dabei aber den Oberkörper horizontal zu bewegen, weil eine Erhöhung oder Spitze schon den Tod bedeuten konnte. In dem Moment, in dem die Fechter ihr Körpergewicht voll auf den Boden ableiteten, verloren sie ihre Reaktionsfähigkeit, d.h. die Fähigkeit, jedem denkbaren Angriff auszuweichen und sich frei zu bewegen. Unter beiden Umständen war also, wie wir sehen, die Körperhaltung dieselbe.

Der Kampf mit blanken Waffen hat seinen Niederschlag in der Tanzposition gespannter Gelenke gefunden, von der aus der Tänzer mit wachen Sinnen in der Lage ist, sich in jedwede Richtung zu bewegen. Auch die Körperhaltung ist beim Tango die gleiche, wobei in der Struktur zwei Teile zu unterscheiden sind: der obere Teil mit offenen Positionen wie beim Reiten oder zum Kämpfen und der untere mit geschlossenen Positionen, ebenso geeignet, um sich aufzustützen wie um beim Kampf anzugreifen bzw. auszuweichen. Auch der Umgang mit dem Persönlichkeitszentrum in der Brust und die Art, beim Tango zu blicken, weisen absolute Ähnlichkeit mit jenen früheren Verhaltensweisen auf. Schließlich gab es auf dem Land ein Spiel namens *Visteo*, das im Duell zweier Männer bestand, von denen jeder einen Stock in der Hand hielt. Die Enden der Stöcke bzw. Hölzer wurden in der Glut oder im Feuer angebrannt, so daß sie verkohlt blieben. Die sich gegenüberstehenden Männer versuchten nun, dem anderen mit dem verkohlten Stock schwarze Flecken beizubringen. Um dem Gegner auszuweichen, taten sie so, als ob sie schlagen würden, und spielten dabei mit ihrer Gleichgewichtsachse genau so wie die Tänzer. Ja, sie benutzten sogar schon die Figur der "Acht", die auch bereits so hieß.

Im übrigen ging es stets darum, nie mit der Nase anzuzeigen, wohin man blickte, und lediglich flüchtige Blicke zu werfen, also den Blick niemals auf irgendetwas zu heften. Eben diesen Eindruck haben wir beim Tango, daß der Blick ins Leere gerichtet ist und trotz geöffneter Augen nichts wahrnimmt. Diese auf allen Tanzflächen zu beobachtende Art des Blicks dient dem Zweck, die gesamte räumliche Umgebung unter Kontrolle zu behalten und zugleich weder mit der Nase darauf zu verweisen, worauf man blickt, noch geradlinig zu schauen, wovon bereits die Rede war. Eine weitere Ähnlichkeit ist in der Art von Pose zu erkennen, die der *Gaucho* einnahm, wenn er mit seiner Peitsche in ein Tanzlokal oder eine *Pulpería* (Kneipe) eintrat, und die wir bei Tango-Männern wiederentdecken, die sich mit ihrem Whisky-Glas an der Theke des Lokals aufstellen und von hier aus ihre Umgebung mustern.

Kehren wir nun zum grundlegenden Thema der Freiheit zurück, so können wir die Behauptung aufstellen, daß das Freiheitsbedürfnis dieser Menschen und der Respekt vor ihrer geistigen Einstellung zweifellos das Motiv dafür bildeten, daß der Umgang mit dem choreographischen Raum vollkommen freigestellt wurde. Man durfte sich ohne im voraus festgelegte Reihenfolgen und Strukturen bewegen. Der choreographische Raum steht allen tanzenden Paaren und jedem einzelnen von ihnen zur Verfügung, um ihre individuelle Choreographie zu entwickeln, ohne dabei notwendigerweise den gesamten verfügbaren Raum in Anspruch zu nehmen.

Hiervon läßt sich ableiten, daß jedes Paar seinen eigenen choreographischen Raum schafft, der von dem der anderen Paare verschieden ist. Dabei bewegen sich alle im gleichen Gesamtraum, den wir Tanzfläche nennen. Wenn von einer Tanzfläche die Rede ist, geht es also um diesen Gesamtraum, in dem getanzt wird. Wenn wir uns dagegen auf die Fläche beziehen, die das Einzelpaar einnimmt, sprechen wir von der choreographischen Ebene, das ist die Fläche, die für die individuelle Entwicklung des Tanzes gebraucht wird. Jedes Paar schafft sich seine eigene choreographische Ebene.

Die einzige vorgegebene Regel ist die, daß auf der Tanzfläche im umgekehrten Uhrzeigersinn getanzt wird. In diesem Sinne hat der Tango einen Vorläufer, nämlich den Walzer, bei dem allerdings zwar der ganze Raum frei zur Verfügung stand, das Paar aber an die Kreisfolge der Tanzschritte gehalten war. Alle Paare tanzten, eins hinter dem anderen, wie in einem Korridor. Beim Tango dagegen stehen sowohl der Raum als auch die choreographische Ebene absolut frei. Die Tänzer besitzen die Freiheit, den Raum und die Ebene des Tanzes beim Tanzen selbst zu schaffen, und zwar in dem Maße, in dem das Paar an unserer Seite einen Bereich, der sich überschnitten hatte, frei läßt. Ein solches Verfahren beim Tanzen erscheint uns heute selbstverständlich, aber zur Zeit der Entstehung des Tango verstieß es gegen die Vorstellungen vom Tanz und war also revolutionär.

In der Gesamtbewegung auf der Tanzfläche treffen wir auf die gleiche Raum-Ökonomie, wie wir sie bereits für das Paar beschrieben haben. Der Gesamtraum wird offensichtlich von allen geteilt, so daß sich auch alle gegenseitig helfen müssen, ihn unter sich aufzuteilen. Aber was geschieht nun beim Schautanzen in diesem Raum? Alles was ich beim Tanzen unternehme, muß ich zeitlich nicht nur auf meine Schnelligkeit, sondern auch auf die der Paare um mich herum abstimmen. Der Tangotänzer beobachtet die Schnelligkeit des anderen Paares, um danach abzuschätzen, welcher Raum ihm bleibt. Hiervon ausgehend verlegt er seine Bewegung in diesen Raum, und nicht in einen anderen. Wenn er seine Bewegung zu groß anlegt, überschreitet er den kalkulierten Raum und trifft unweigerlich auf das andere Paar, und wenn er sie zu schnell ausführt, stößt er mit diesem direkt zusammen. Erforderlich ist also eine präzise Wahrnehmung und Abschätzung dessen, wo er sich befindet und wohin er gelangen muß sowie welcher Platz bestehen wird, wenn er dorthin gelangt sein wird. Das scheint ein Spiel mit Worten, ist aber so.

Hiervon läßt sich etwas überaus Wichtiges ableiten: Beim Tango ist das Ankommen am neuen, angestrebten Ort wichtiger als das, was man auf dem Weg dorthin tut. Infolge der Einführung des Spiels mit dem freien Raum wird die Fortbewegung weniger relevant. In ihr liegt die Bedeutung der Schau (für den Zuschauer), aber für die Paare auf der Tanzfläche - und für jede einzelne meiner Bewegungen - sind jene beiden Punkte wichtiger: der, an dem ich mich jetzt befinde, und der andere, zu dem ich gelangen soll. Was ich für mich und meinen Partner kalkuliere, muß ich aus sozialen Motiven auch auf der Tanzfläche berücksichtigen, und dies wie gesagt gemeinsam mit den übrigen Paaren. Wenn ich wahrnehme, wo ich mich befinde und mit welchem Tempo sich das nächste Paar bewegt, kann ich einen Platz vorausberechnen. Es handelt sich um die Wahrnehmung eines in diesem Augenblick nicht vorhandenen Raums, der aber frei wird, insofern das andere Paar ihn beim Tanzen verläßt. Sobald ich dies aber voraussehe, kann ich mir meinen Raum vorstellen und dem entsprechend mein Tempo und die Weite meiner Bewegung berechnen. Am vorgestellten neuen Ort angelangt, beobachte ich wieder aufmerksam mein Umfeld und kalkuliere erneut Geschwindigkeiten und Abstände. Das Bewußtsein des Tänzers muß auf diese Berechnungen gerichtet sein, die den intellektuellen Aspekt der Bewegungstechnik ausmacht, während die Bewegung selbst als deren sinnlicher Aspekt reflexartig erfolgen soll. Hierfür ist Praxis und nochmal Praxis erforderlich, was ich gelegentlich scherzhaft die Flugstunden nenne. Anders wird es nicht gelingen, da ja, wie gesagt, der Tango keine potentielle Form besitzt und also nicht im vornherein feststeht, was die Tänzer tanzen werden, wenn die Musik beginnt.

Aufgrund dieses Umgangs mit dem Raum wurden einige Figuren eingeführt, um zu erleichtern, daß alle Paare den gemeinsamen Raum nutzen konnten, ohne aneinanderzustoßen. Außer daß diese Figuren auch im Sinne der Schau entworfen worden sein können, verfolgten sie nicht mehr und nicht weniger als den Zweck der Koexistenz auf der Tanzfläche, um auszuweichen und zu umgehen, um sich hierhin oder dorthin zu bewegen. Denn der Tango ist für die, die ihn tanzen, auch ein demokratischer Vorgang. Für den ahnungslosen Zuschauer indes herrscht im Umgang mit dem Raum auf der Tanzfläche Anarchie. Anscheinend macht jeder, was ihm gefällt, tatsächlich ist es aber nicht so. Ich nutze die Räume, die die anderen nicht gebrauchen, gelegentlich warte ich ab oder ändere meine Absicht je nach dem Platz, der mir voraussichtlich zur Verfügung steht, oder entsprechend dem tänzerischen Spiel derer, die mich auf dem Tanzboden umgeben. Insofern behaupten wir, daß die Nutzung des Raums in demokratischem Sinne und keineswegs anarchisch erfolgt. Auf den ersten Blick nimmt man gewöhnlich eine anarchische Situation im Vergleich zu den früheren Tänzen wahr, in denen alles genau vorgeschrieben und strukturiert war. Auf einmal hat man dreißig Paare vor sich, die sich bewegen, wohin sie wollen, und das löst diesen Eindruck von Anarchie aus. In Wirklichkeit handelt es sich aber um einen Zustand perfekter räumlich-dynamischer Koexistenz.

Ganz gewiß gab es für diese Koexistenz Regeln. Zum Beispiel wurde es sehr negativ aufgefaßt, angerempelt oder sogar berührt zu werden. Vor allem aber galt das Berühren und Anrempeln als Zeichen dafür, daß der betreffende ein schlechter Tänzer war, und darüber hinaus als Grobheit, als aggressives und beleidigendes Verhalten. Das konnte so weit führen, daß ein dreimaliges Anstoßen beim selben Tango jederzeit in eine böse Schlacht mit Flaschen und Tischen münden konnte.

Es gab das Gefühl, provoziert zu werden, und wer nicht reagierte, wurde als Feigling angesehen, als einer, der sein *Lengue* (Ziertaschentuch) zerknitterte, wovon schon die Rede war. Infolgedessen mußten bestimmte Figuren eingeführt werden, um derartige reale Konflikte zu vermeiden. Diese Figuren nenne ich die sozial motivierten, weil es ums Tanzen im demokratischen Sinne ging. Die Regel, niemanden anzustoßen, war und ist wie ehedem grundlegend. Einige dieser Figuren haben die Form eines "U" wie bei einer zweifachen Kehrtwendung. Man nannte die Form "U", weil sie darin besteht, nach einem Schritt zum Ausgangspunkt zurückzukehren. Daneben gibt es die Figur der Kadenz, bei der das Paar sich wiegend auf der Stelle tritt, bis auf der Tanzfläche eine Lichtung entsteht. Ebenso kommen choreographische Zäsuren vor, bei denen die Tänzer ihre Bewegung unterbrechen. Schließlich bestehen Figuren in Form eines Fächers, wobei das Paar sich wie auf den Speichen eines Rades vor und zurück bewegt, um einer Verstopfung auf der Tanzfläche auszuweichen. Wenn dagegen viel Platz zur Verfügung steht, kommt es zu schnelleren Figuren wie den *Corridas* (Läufe).

Anfangs wurde ausschließlich improvisiert und es gab keinerlei Festlegungen, aber im Laufe der Zeit änderte sich dies teilweise. Es kam bisweilen dazu, daß nur die Verbindungen zwischen "traditionellen" Figuren improvisiert wurden, für die es freilich keine festgelegte Reihenfolge gab. Daher trifft nicht weniger zu, was oft bemerkt wurde, daß man nämlich "denselben Tango nie zweimal gleich tanzt".

Es sei noch einmal festgehalten, daß der "klassizistische" Tango erst später entstanden ist und daß es sich bei den Figuren jeweils um eine Reihe von Bewegungen in einer einzigen Abfolge handelt, die sich wiedererkennen und wiederholen läßt. Infolgedessen haben wir es bei den Figuren mit einem starren und statischen Element zu tun, das einem auswendig lernenden und repetitiven Denken entspricht und der Improvisation widerspricht, die dem Ausdruck der Sinne Freiheit läßt.

Heutzutage wird beim Tanzen praktisch eine Figur nach der anderen wiederholt und lediglich deren Reihenfolge improvisiert. Solche Improvisation bezieht sich also auf die Anordnung und nicht auf die tänzerische Konzeption selbst. Vermutlich liegt der Schlüssel zur Kunst des Tangotanzens eben in dieser Freiheit, in der sich gewisse Elemente der Erfahrung mit der Emotionalität des ersten mals verbinden und man sich von der Rigorosität befreit, die für alles nur eine Form zuläßt. Von allen volkstümlichen Tänzen ist der Tango der einzige, in dem die Improvisation das wesentliche Element der choreographischen Form darstellt, wenn man einmal von traditionellen Figuren absieht, wobei aber selbst in diesen immer die Möglichkeit des Neuen besteht, das in diesem einzigartig wunderbaren Moment des Tangotanzens hervorkommt.

Es handelt sich mit anderen Worten um einen Tanz, bei dem es vom Anfang bis zum Ende um nicht mehr und nicht weniger geht als um die vehemente Suche nach Freiheit.

KAPITEL V

EPOCHEN UND ENTWICKLUNG DES TANGO

Die Choreographie des Tango hat sich wie alles Lebende und Beständige fortwährend weiterentwickelt. Hätte er an einer einzigen Form festgehalten, so wäre er schon verschwunden oder lediglich noch Motiv von Erinnerungs-Inszenierungen, wie dies mit anderen volkstümlichen Tänzen geschehen ist. Die Choreographie des Tango veränderte sich im gleichen Maße wie die gesellschaftliche Basis, aus der er hervorgegangen war. Wir werden im folgenden sehen, daß die Choreographie des Tango deutlich unterscheidbare Perioden und Höhepunkte mit einer jeweils eigentümlichen Symbolik durchlaufen und dabei nach und nach den Mittelpunkt der Aufmerksamkeit verändert hat. Auch das sich wandelnde Habitat beeinflußte die verschiedenen Stile in der choreographischen Gestaltung.

Um die gesamte Entwicklung verstehen zu können, müssen wir sie in Epochen untergliedern und diese klar voneinander abgrenzen. Bei den Jahresangaben handelt es sich allerdings nur um Annäherungswerte, da das Fehlen einer ausreichenden Quellengrundlage keine genaueren Zeitbestimmungen erlaubt.

Erste Epoche (1860-1890): Choreographische Zäsuren

Die erste Epoche handelt vom Ursprung und Entstehen. In dieser Periode tanzte man eine Choreographie ohne eindeutig definierte Musik. Was an diesem Anfang entstand, läßt sich wohl als neuer Modus, sich zu bewegen und zu tanzen, aber noch nicht als Tanz bezeichnen. Man tanzte auf eine andere Weise und in neuer choreographischer Form, aber nach der Musik der Zeit: Walzer, Polka, Mazurka, Chotis, Paso Doble, Quadrille, Habanera, Milonga etc.

Aus jener Epoche haben sich bis heute drei Rhythmen erhalten:

1. der Tango als Resultat der gesamten Entwicklung;

2. die getanzte Milonga, in der sich die gleiche Technik durchgesetzt hat und die dem Tango derart ähnelt, daß sie sehr volkstümlich geworden ist. Als Milonga wird auch die Räumlichkeit bezeichnet, in der Tango getanzt wird, statt *Tanguería*, was eigentlich der logische Begriff wäre;
3. der mit derselben Technik getanzte Walzer, der üblicherweise gekreuzter Walzer genannt wird und die Form darstellt, in der der Tango überall auf der Welt getanzt wird.

Es gibt also drei verschiedene musikalische Rhythmen zu ein und derselben choreographischen Form und Weise, in der sie getanzt werden. Diese drei Rhythmen gehörten, wie wir wissen, zum Repertoire der berühmten Orchester aller Zeiten.

Gegen Ende dieser ersten Epoche, und zwar etwa um 1880, wird auf diese choreographische Form und Weise eine Musik angewandt, die Tango genannt wird und definitiv von jenem Tanzmodus Besitz ergreift, den man von da ab in der ganzen Welt als Argentinischen Tango kennt. Der Tango entstand also in einem ähnlichen Prozeß wie alle anderen kulturellen Neuerungen, nämlich zuerst als Bewegung, zu der später die Rhythmen, die Musik und schließlich der Text hinzukommen. Es verhielt sich mithin wie bei einem Kleinkind, das zuerst Bewegungen vollführt, sich dann - vermutlich auf biologische Vorgänge gestützt - einige Rhythmen zu eigen macht und erst später zu sprechen beginnt. Den gleichen Prozeß hat der Tango durchgemacht.

Die choreographische Form wurde, wie bereits mehrfach hervorgehoben, gänzlich improvisiert. Die Improvisation war tatsächlich so vollkommen, daß niemand sicher wußte, wo und in welchem Moment was geschehen würde. Voraussehbar war allein das Wie. Dabei können wir allerdings feststellen, daß selbst im Rahmen dieser großen Innovation, die mit der neuen Technik im allgemeinen verbunden war, die choreographischen Zäsuren eine besondere Bedeutung erlangten. Sie wurden *Cortes* (Einschnitte) oder *Quebradas* (Brüche) genannt. Auch diese Momente choreographischer Ruhe galten als Symbol der Freiheit. Die fast übermäßig wiederholte Weigerung zu tanzen, sich zu bewegen, wurde zu einem Symbol der Freiheit. Und weil die *Cortes* und *Quebradas*, die Unterbrechung der Fortbewegung in gewissermaßen photographischer Pose, für den Tanz der Epoche charakteristisch wurden, nennen wir sie die Periode der choreographischen Zäsuren. Auf sie war innerhalb der gesamten Choreographie alle Aufmerksamkeit konzentriert.

Von dieser Technik sind uns bis in die Gegenwart einige traditionelle Figuren erhalten geblieben, so etwa die *Parada* (Halt), die heute eine Figur darstellt, aber in jener Epoche zur Technik gehörte. Mitten in der Tanzbewegung hielt - aufgrund eines musikalischen Impulses oder der eigenen Wahrnehmung des Raumes - einer der Partner an. Der andere setzte seine Bewegungen um diesen Partner herum fort, bis auch er in einem bestimmten Moment anhielt, während nun der erstere sich erneut zu bewegen begann und die Initiative ergriff. Dieses Spiel wurde einmal oder mehrfach wiederholt, bis beide Tänzer, einem neuen Impuls folgend, ihren Tanz gemeinsam fortsetzten. Heute kennen wir die *Parada* als eine etablierte Tanzfigur, aber es scheint immer wichtig, dem Ursprung der Dinge nachzugehen, um deren Wesen nicht zu verlieren. Bei den *Cortes* hielt das Paar mitten im Tanz an, um anschließend gleichzeitig weiterzutanzen. Im Falle der *Quebradas* erfolgte ebenfalls eine simultane Unterbrechung, aber dabei zerbrach die Figur. Beim Weitertanzen befand sich das Paar nicht in der gleichen Position wie beim Anhalten, weil die *Quebrada* seine Gleichgewichtsachse verrückt und die natürliche Körperhaltung verformt hatte. Die Tänzer mußten daher die Bewegung von einer neuen Gleichgewichtsposition aus wiederaufnehmen. Mit anderen Worten führte der "Einschnitt" zum "Bruch". Im übrigen erregte dieses Spiel mit den tänzerischen Stillständen zu seiner Zeit erhebliches Aufsehen, weil bei ihm die Körper der Partner sehr eng aneinander geschmiegt waren, was in jener Epoche einen Skandal bedeutete.

Außer diesen Ruhemomenten, die einem gemeinsamen, gleichzeitigen Schweigen beider Partner gleichkamen, gab es die Abwartehaltung, d.h. das Schweigen des einen, während der andere sich ausdrückte. Es handelte sich um Augenblicke der schweigsamen Aufmerksamkeit wie im Gespräch, um wahrnehmen zu können, was in dem anderen vorgeht und was er mitteilt.

Wie wir bereits mehrfach festgestellt haben, wurde dieser Tanz nur von der Bevölkerung des Stadtrandes und der Vorstädte, d.h. von den armen, einfachen Menschen gepflegt. Sie fanden sich auf der Suche nach einer Verbesserung ihrer Lage so nahe wie möglich am Zentrum zusammen. Wer den soeben erst geborenen Tango tanzte, waren die, die in der Marginalität lebten und sich ihrerseits mit dem Tango als symbolischem Ausdruck identifizierten. Später tritt diese Symbolik selbst an die Stelle der sozialen Gemeinschaft, aus der sie hervorging. Daraus entwickelte sich während der zweiten Periode eine breitere kollektive Strömung.

Zweite Epoche (1890-1920): Der choreographische Plan

In dieser Periode findet die kollektive Hinwendung zum Tango statt, womit diese erstaunliche Symbiose zwischen Tango und Volk und insbesondere die Einheit von Tangowelt und dem Wesen der *Porteños* entsteht. Wir nennen diese Epoche die Periode des choreographischen Plans, weil die Choreographie sich vor allem auf die Figuren konzentrierte, die die Füße beim Tanzen auf dem Boden zeichnen. In dieser Epoche begannen sich bestimmte Figuren einzuspielen, die ursprünglich einer räumlichen Notwendigkeit auf der Tanzfläche entsprachen, sich infolge ihrer Wiederholung später jedoch in klassische konstitutive Elemente der choreographischen Form verwandeln.

In dem Maße, in dem die Zeichnung der Füße auf dem Boden an Bedeutung gewinnt, entstehen Figuren, die auf ihr beruhen, so der Halbmond oder die Acht, die "gezeichnete" Figuren darstellen. Unter Figuren verstehen wir, sei hier erinnert, jene Reihe von Bewegungen, die als solche wiedererkannt und wiederholt werden kann. Während nun die *Cortes* und *Quebradas* an Aufmerksamkeit verlieren, gewinnt an Bedeutung, was auf dem Tanzboden geschieht. Dies bedeutet durchaus keinen Verlust an Nuancierungen, denn gerade in dieser Epoche erlangen die Bewegungen einen höheren Grad von Präzision.

Die Körper sind viel weiter von einander entfernt, und es wird Kopf an Kopf getanzt, wodurch ein Rundbogen gebildet wird. Dies entsprang gewiß der Notwendigkeit zu beobachten, was sich auf dem Boden ereignete. Das können wir in der charakteristischen Tanzweise von *Tito Lusiardo* erkennen, diesem Tango-Tänzer, der in der ersten Hälfte des 20. Jahrhunderts durch eben seinen besonderen Stil berühmt wurde.

Dritte Epoche (1920-1940): Der choreographische Raum

Hier beginnen die Jahrzehnte, die dem Volumen Aufmerksamkeit schenken. Alle bisherigen Erläuterungen helfen uns, genauer zu unterscheiden, was sich mit dem Tanz in diesen 20 Jahren ereignet hat, in denen sich die goldene Dekade der 40er Jahre vorbereitete. Ohne daß die Choreographie an Bedeutung verlor, erhielt in dieser Epoche die Frage größeres Gewicht, welche Rolle die Oberkörper beim Tanzen spielten. Zum ersten mal wurde auf die Eleganz geschaut, auf die Exzelenz, mit der der Raum durchmessen wurde. Es ging schon nicht mehr bloß darum, "was" getan wurde, sondern immer mehr darum, "wie" es ausgeführt wurde. Den Hintergrund bildete eine Entwicklung der Ästhetik, in der mehr auf die harmonischen Linien im natürlichen Ablauf des Paartanzes geachtet wurde. Diese Entwicklung führte zur Bestimmung des tänzerischen Modus, der einen guten Tänzer ausmacht; dies ist schon nicht mehr einfach der, der das Beste und Schwierigste erfüllt, sondern der es mit mehr Tangogefühl, Eleganz und Sicherheit tut.

Hier ist ein Hinweis auf den Einfluß von *Cachafaz* angebracht. Cachafaz war der Spitzname des mythischen Tangotänzers und -lehrers José Benito Bianquet (1885-1942), von dem es hieß, daß er selbst bei schwierigsten Figuren niemals die Eleganz verlor und die Tanzwettbewerbe schon aufgrund seiner bloßen Anwesenheit gewann. Er führte den Stil der vollkommen aufrechten Haltung ein, in der er alles tat, was bis dahin üblich war, aber mit seinem Körper parallel und viel näher zu dem der Frau. Cachafaz faßte beim Tanzen die Frauenhand fast an den Fingerspitzen, vor allem um seinen Zuschauern zu demonstrieren, daß er mit dieser Hand keinerlei Befehl erteilte. Insbesondere aber zeichnete er sich durch die Eleganz aus, die von seiner vollkommen aufrechten Gleichgewichtsachse ausging. Der Oberkörper war aufgerichtet, und es kam zu keinem Rundbogen mittels der Köpfe.

Hinsichtlich der Ästhetik unterliegt auch die Eleganz einem Wandel, insofern sich die Gebräuche, Gewohnheiten und Kleider im Laufe der Zeit verändern. In dieser Periode beginnt die getanzte Eleganz zu einem technischen Mittel des Tanzes zu werden. Eine Vielzahl von Techniken zur Gestaltung der tänzerischen Eleganz gewinnt an Bedeutung. Alle diese Techniken mußten überaus korrekt angewendet werden. Denn Fehler beispielsweise in der Gelenkspannung oder beim Schweben wirkten sich am Ende negativ auf die Eleganz und den Modus des Tango aus.

Nachdem der Tango aus Europa triumphal zurückgekehrt war und sich endgültig in den Salons etablierte, wurde er hinsichtlich der Quantität und Qualität der Bewegungen, aus denen sich die choreographische Form zusammensetzt, viel einfacher getanzt. Am Ende ergab sich daraus ein Stil, der unter der Bezeichnung Salon-Tango (wegen des Ambiente, in dem getanzt wurde) oder schlichter Tango (entsprechend der Quantität und Qualität der getanzten Figuren) bekannt wurde. Dieser Tango unterscheidet sich damit deutlich von jenem ursprünglichen Tango, den man nun anfängt *Canyengue* zu nennen, auch Figuren-Tango oder *Orillero*, weil er an den Rändern ("orillas") der Stadt und in den Vorstädten getanzt wurde. Die Unterschiede zwischen beiden Tango-Arten erkennt man deutlich auf den ersten Blick.

Klären wir bei dieser Gelegenheit auch den Begriff "gekreuzter Tango": Zunächst einmal nannte man es "gekreuzt", wenn die Schritte und der Modus des Tango nach einer anderen Musik getanzt wurden, wobei das, was sich "kreuzte" genaugenommen die rhythmische Appoggiatur bzw. Betonung war. Weiterhin wurde der Begriff auch dann benutzt, wenn der Mann an der linken Seite der Frau vorbei, d.h. auf der geschlossenen Seite des Paares tanzte. Und mit der Einführung einer neuen Stellung der Frau, der sogenannten *Trabada* (Blockierung - die so hieß, weil dabei die Füße, einer über den anderen gestellt, blockiert wurden), erhielt das Wort "gekreuzt" schließlich die Bedeutung einer Richtungsänderung. Wenn wir diesen Begriff benutzen, müssen wir also offensichtlich jeweils klären, in welchem Kontext wir ihn verwenden.

Beim Salon-Tango stehen sich die Oberkörper vollständig gegenüber, und zwar dies vermutlich aufgrund eines europäischen Einflusses, denn diese Körperhaltung ensprach praktisch der des Walzers - nur mit dem Unterschied, daß der Abstand der Körper verringert wurde und die Gesichter zum Rücken des Partners hin schauten. Hieran liegt es, daß der Salon-Tango eine Tendenz zur Gradlinigkeit sowie quantitativ und qualitativ geringere Bewegungsmöglichkeiten bei der Ausführung von Figuren aufweist. Der volkstümliche Tango behielt dagegen die Verdrehung der Oberkörper bei. Der wesentliche Beitrag des schlichten Tanzstils liegt darin, daß er die Aufmerksamkeit auf den choreographischen Raum lenkte: Die symbolhafte Ästhetik der Eleganz und Raffinesse des Salon-Tango veränderte die gesamte Tanzkultur und wurde auch von den unteren Sozialschichten übernommen.

In dieser Epoche wurde insbesondere der Modus des Tango präzisiert, und die entsprechende Norm setzte sich auf allen gesellschaftlichen Ebenen durch. Es kam auch zu einem großen Aufschwung der Tanzwettbewerbe und Schautänze, an denen die begabtesten und akribischsten Tänzer teilnahmen. Hierfür wurde der Ausdruck Phantasie-Tango geprägt, der den Charakter einer Vorführung und d.h. eine Bühne implizierte. Anfänglich handelte es sich dabei noch nicht um Kunsttanz, sondern um die Vorführung des Begabtesten, dessen, der zum Ausruf "laßt ihn allein" veranlaßte. Der Tänzer verdiente die Tanzfläche für sich und seine Partnerin, und während die soziale Funktion des Tanzereignisses in den Hintergrund trat, konnte er anstellen, was er wollte. Allein weil er begabter war als die anderen, hatte er Anspruch auf den Raum. Es entstand so etwas wie eine Tango-Pyramide, an deren Basis sich die vielen einfachen Tänzer aufhalten und an deren Spitze die wenigen besonders begabten stehen. Deren Tanz war es, der nun zum ersten mal als Salon-Tango, *Canyenge* oder Phantasie-Tango auf den Bühnen im Wettbewerb stand. Beim Phantasie-Tango besaß der Tänzer alle Freiheit zu tanzen, was ihm in den Sinn kam. Seine Fortsetzung ist der szenische Tango, der heute Tango-Show genannt wird.

Vierte Epoche (1940-1950): Goldenes Jahrzehnt

In dieser Periode wird der Tango zum Tanz der Massen. Es gibt eine quantitative, aber keine qualitative Entwicklung. Der Tango war bereits zu seiner klassischen Form gelangt und in allen sozialen Schichten verbreitet. Der Tanz der 40er Jahre ist daher weniger durch neue Techniken oder Bewegungen gekennzeichnet, als durch sein gesellschaftliches Milieu. Geleitet vom Wunsch, mittels der Tango-Symbolik einen sozial Aufstieg zu erreichen, hielt man es für "gut" bzw. "zeitgemäß" oder "angebracht", mit der Raffinesse der Salons zu tanzen. Diese Einstellung schlägt sich etwa in jenem berühmten Tango-Text *El Firulete* von Mariano Mores und Taboada nieder, in dem es heißt: "kümmere dich doch einfach nicht darum, wenn irgendein Bursche dich blöd anmacht und deine Schnörkel bemäkelt". Je höher die Sozialschicht, um so schlichter wurde der Tango getanzt. Alle bemühten sich um seine Vereinfachung, und die große Mehrheit der Tänzer paßte sich dieser Tendenz an. Doch gab es daneben auch große Tänzer, die in jedem Tango eine Synthese seiner ganzen Entstehungsgeschichte suchten. Im übrigen erhielt sich mancher Winkel, in dem weiterhin in großer Vielfalt getanzt wurde.

Schließlich bedeutete diese Periode für den Tango einen enormen Aufschwung hinsichtlich seiner Verbreitung durchs Radio, auf Schallplatten und im Film. In keinem Jahrzehnt wurde soviel Tango komponiert, getanzt und verfilmt wie in diesem.

Fünfte Epoche (1950-1955): Der *Gancho*

In dieser Periode erfuhr der Tango seine jüngste Weiterentwicklung. Die Füße wurden vom Boden angehoben und es entstand mit dem *Gancho* (Haken) die wohl letzte Neuerung des Tango in diesem Jahrhundert. Seine Technik besteht in folgendem: In einem gleichzeitigen Vorgang wird der Fuß vom Boden gelöst und das Bein im Knie so angewinkelt, daß es im Bein des Partners eingehakt bleibt (vgl. die Bemerkungen zum *Gancho* im Kapitel über den Ausdrucks-Apparat). Mann und Frau verwenden dieses neue choreographische Element gleichermaßen. Nach den Regeln der Orthodoxie kommt es allerdings nur vor, wenn der Mann der Frau den entsprechenden Hinweis gibt. Bei der Improvisation besteht dagegen die Möglichkeit, den *Gancho* auszuführen, wann es den Tänzern passend erscheint, sofern der Raum und die Zeit hierfür zur Verfügung stehen.

Sechste Epoche (1955-1980): Künstlerische Darbietung

Die volkstümlichen Tänze haben zwei verschiedene Ursprünge. Der häufigere besteht in einem sozialen Abstieg, d.h. ein Tanz entwickelt sich zuerst auf der Bühne oder in den höheren Schichten (wie etwa die höfischen Tänze) und gelangt dann zum Volk.

Der andere, seltenere Entstehungsweg ist der kulturelle Aufstieg: Der Tanz entsteht im Volk und gelangt von dort aus auf die Bühne. Das ist der Fall des Tango. Im allgemeinen kommt es zum Aufstieg eines Tanzes in seiner letzten Phase, der Phase der künstlerischen Darbietung, der Zeit der Erinnerung. Sie ist ja der Ausdruck dessen, daß der Tanz auf seinem Höhepunkt angelangt ist. Heutzutage kehrt der Tango in einem umgekehrten Prozeß von den Bühnen zum Volk zurück. Die Tanzlokale füllen sich wieder mit Menschen, es wird immer mehr getanzt. Von daher wäre es nicht verwunderlich, wenn es dem Tango gelänge, dem Schicksal der Erstarrung zu entgehen. Denn heute wird er erneut getanzt, wo seine Ursprünge liegen - in den Winkeln, abseits von den Zentren, unter Jugendlichen. Und diese Jugendlichen identifizieren sich mit dem Tango, werden zu neuen Hütern seines Rituals. Eine solche Entwicklung verwundert auch deshalb nicht, weil der Tango als Tanz und kultureller Ausdruck eben besonders untypisch ist.

Überlagert wurde die ganze Tango-Bewegung in ihren verschiedenen Epochen durch die weltweite Entwicklung eines internationalen Tango. Auf dieses Phänomen kann hier nicht näher eingegangen werden. Immerhin sei aber darauf hingewiesen, daß der Prozeß in zwei großen Etappen erfolgte, der einen bis zum Beginn des Zweiten Weltkriegs, der anderen nach dem Krieg. Während der ersten Phase, in der der Tango in Europa Furore machte, reisten viele

Argentinier dorthin, um ihn zu unterrichten. Überwiegend wurde der Tanz aber von englischen Lehrern vermittelt.

Der internationale Tango wies eigene, besondere Charakteristika auf: Auch wenn das Paar umarmt blieb, war die Haltung der Körper doch vollkommen verschieden. Es wurde mit einer begrenzten Zahl von Figuren und auf eine dem Walzer ähnliche Weise getanzt. Dies war der internationale oder auch kontinental genannte Tango, den die Welt kennenlernte. Als zu Beginn des Zweiten Weltkriegs die Argentinier an den Rio de la Plata zurückkehrten, hatte er sich bereits auf dem Alten Kontinent etabliert.

Siebte Epoche (ab 1980): Argentinischer Tango

In diesen Jahren haben wir erlebt, was man die bedeutendste szenische Darbietung in der Geschichte des Tango nennen könnte. Der Tango traf erneut auf überwältigende Zustimmung, d.h. unsere Tournee durch die bedeutendsten Städte der Welt wurde zu einem vollen Erfolg.

Anfänglich hatten die Veranstalter und Organisatoren daran gedacht, eine Volkskunst vorzuführen, die schon eher der Vergangenheit angehört. Diesem Gedanken zum Trotz vermochte der Tango jedoch mit einer unbändigen inneren Kraft erneut ins Rampenlicht zu treten und der Welt zu demonstrieren, daß er gereift und so vital ist, um ein weiteres mal von den verschiedenen Kulturen unserer Zeit aufgenommen zu werden. Es war der Tanz, der die Zuschauer eroberte und gefangen hielt, wo er vorgeführt wurde. Nicht geschmälert werden soll damit die Leistung der Musiker und Sänger, die bei Kritikern und Publikum rauschenden Beifall ernteten. Es muß nur betont werden, daß es eben der Tanz war, der wie schon am Anfang des Jahrhunderts wiederum den Erfolgsdurchbruch erreichte.

Für vier Wochen an den Broadway, das Mekka der Musical-Shows, zu kommen, um dort bei vollem Haus sechs Monate zu bleiben, verschaffte der Vorführung weltweiten Ruf.

Die Tänzer unseres Ensembles waren: Juan Carlos Copes und María Nieves, Virulazo und Elvira, Gloria und Eduardo, Nélida und Nelson, Mayoral und Elsa María, María del Carmen und Carlos Rivarola, die Dinzels (Gloria und Rodolfo) sowie Naanim Timoyko.

Allen, die mich begleiteten, spreche ich hiermit meinen Dank aus für alles, was sie für den Tango geleistet haben.

Nach dem Erfolg des "Argentinischen Tango", hat sich die Situation vollkommen verändert. Heute reisen Tänzer aus Buenos Aires rund um die Welt und exportieren den Tango, während man bis vor kurzem diejenigen, die professionell Tango tanzen, mit den Fingern einer Hand zählen konnte. Heute widmen sich hunderte von Paaren der szenischen Vorführung des Tango, und viele Hunderte mehr warten auf ihre Gelegenheit, dasselbe zu tun.